Étincelles d'espérance

KAREM BUSTICA
rédactrice en chef
de *Prions en Église*

« Laissons-nous dès aujourd'hui attirer par l'espérance et faisons en sorte qu'elle devienne contagieuse à travers nous », nous invitait le pape au lancement du jubilé 2025. C'est pourquoi, le prenant au mot, nous avons sélectionné dans ce hors-série des étincelles de vie pour consolider notre espérance à l'approche de Pâques.

Les saints. Vous trouverez une sélection de ceux qui nous guident au quotidien, plus ou moins connus, mais très populaires. Ils disent une espérance simple, portée jusqu'à nous à travers les siècles.

L'art. La réflexion de Dominique Pierre devant le Codex 1085, « Cène et lavement des pieds » de la bibliothèque de Prague, nous introduit dans le mystère de l'espérance de Dieu : là où le maître se fait serviteur. Aujourd'hui, les réalisations de Pierre Le Cacheux et la musique reggae des Guetteurs incarnent les reflets d'une espérance qui cherche à se transmettre par tous les moyens, comme la lumière à travers du verre thermoformé.

La rencontre. Chaque mardi, au tiers-lieu de l'Esvière ou dans la prière silencieuse de l'abbaye de Blauvac, donner et recevoir des autres et de Dieu raffermit notre espérance en un monde aimé de Dieu... et en un Dieu amoureux de notre monde.

Chers lecteurs, nous espérons vivement que ce hors-série aux couleurs du jubilé de l'espérance permette à la vôtre de devenir contagieuse, puisant sa source dans le Seigneur ressuscité. Joyeuses Pâques !

« Ferme la porte et prie ton Père »

Matthieu 6, 6

L'Évangile du mercredi des Cendres

LIRE

ÉVANGILE SELON SAINT MATTHIEU 6, 1-6.16-18

« Ferme la porte et prie ton Père »

En ce temps-là, Jésus disait à ses disciples : « Ce que vous faites pour devenir des justes, évitez de l'accomplir devant les hommes pour vous faire remarquer. Sinon, il n'y a pas de récompense pour vous auprès de votre Père qui est aux cieux. Ainsi, quand tu fais l'aumône, ne fais pas sonner la trompette devant toi, comme les hypocrites qui se donnent en spectacle dans les synagogues et dans les rues, pour obtenir la gloire qui vient des hommes. Amen, je vous le déclare : ceux-là ont reçu leur récompense. Mais toi, quand tu fais l'aumône, que ta main gauche ignore ce que fait ta main droite, afin que ton aumône reste dans le secret ; ton Père qui voit dans le secret te le rendra.

« Et quand vous priez, ne soyez pas comme les hypocrites : ils aiment à se tenir debout dans les synagogues et aux carrefours pour bien se montrer aux hommes quand ils prient. Amen, je vous le déclare : ceux-là ont reçu leur récompense. Mais toi, quand tu pries, retire-toi dans ta pièce la plus retirée, ferme la porte, et prie ton Père qui est présent dans le secret ; ton Père qui voit dans le secret te le rendra.

« Et quand vous jeûnez, ne prenez pas un air abattu, comme les hypocrites : ils prennent une mine défaite pour bien montrer aux hommes qu'ils jeûnent. Amen, je vous le déclare : ceux-là ont reçu leur récompense. Mais toi, quand tu jeûnes, parfume-toi la tête et lave-toi le visage ; ainsi, ton jeûne ne sera pas connu des hommes, mais seulement de ton Père qui est présent au plus secret ; ton Père qui voit au plus secret te le rendra. »

APPROFONDIR

Jour J

Jour 1: le Carême commence par une marque sur notre corps. Et si ce changement d'apparence était le signal pour revenir à plus de présence à soi et à Dieu ?

LE TEMPS DE LA PRÉPARATION

« *Crée en moi un cœur pur, ô mon Dieu, renouvelle et raffermis au fond de moi mon esprit. Ne me chasse pas loin de ta face, ne me reprends pas ton esprit saint.* » (Ps 50, 12-13)

LE TEMPS DE L'OBSERVATION

Jésus insiste pour que ses disciples ne se préoccupent pas du regard des autres sur eux-mêmes. Se rapprocher de Dieu est un mouvement qui part de l'intérieur pour aller vers l'extérieur. Il suppose une intention propre. Or, chercher à se faire remarquer par d'autres génère un mouvement inverse, qui va de l'extérieur vers l'intérieur. Ce qui est au centre n'est plus alors son désir et sa conscience mais la source de l'action est externalisée, elle est déléguée à d'autres. Le partage, la prière ou le jeûne relèvent de l'intime, d'un mouvement qui doit venir du cœur. Ne pas en parler est la garantie qu'aucune pression extérieure ou désir de plaire ne viennent motiver l'action. En disant que Dieu voit dans le secret, Jésus donne l'argument qui manquait. Notre intériorité compte et Dieu a accès à ce qui est important pour nous. Son regard est ce qui permet de relativiser le poids du jugement des autres sur soi.

LE TEMPS DE LA MÉDITATION

Le mercredi des Cendres marque le début du Carême. À cette occasion, les fidèles présents reçoivent sur leurs fronts de la poussière. Chacun est marqué, chacun partage ce constat de fragilité et de vulnérabilité. Par ce signe, nous acceptons ensemble d'abandonner le règne des apparences. Nous reconnaissons que la vie passe et que nous sommes poussières. Cet aveu collectif de faiblesse est une chance. Si, ensemble, nous arrêtons de chercher à faire bonne impression, nous pourrons tourner notre regard vers ce qui compte pour nous. En cela, le signe de la cendre est un rite de libération. En reconnaissant que nous ne sommes pas grand-chose, il nous devient possible d'accepter que, à la lumière de Dieu, notre vie et celle des autres prennent une autre dimension. Une période s'ouvre pour laisser Dieu nous convaincre d'abandonner nos dépendances, nos peurs. Et celle de décevoir est peut-être la première.

LE TEMPS DE LA PRIÈRE

« *Mais tu veux au fond de moi la vérité; dans le secret, tu m'apprends la sagesse.* » (Ps 50, 8)

Marie-Laure Durand, bibliste

À QUEL SAINT SE VOUER ?

Colette

Sainte Colette est invoquée par les couples rencontrant des difficultés à devenir parents. Ses parents, désolés de ne pas avoir d'enfant, ont prié saint Nicolas sans relâche.

« *Fais confiance au Seigneur, agis bien, habite la terre et reste fidèle; mets ta joie dans le Seigneur : il comblera les désirs de ton cœur.* »
Psaume 36, 3-4

P.5
LIRE DANS LE JOURNAL DE BORD P. 5

Le retable de Pâques

Chaque dimanche de Carême ouvre une porte vers Pâques : autant de récits de passages de la mort à la vie.

RENDEZ-VOUS PAGE 13 POUR LES CONSEILS DE MONTAGE.

Illustrations : Anne-Lise Boutin.

F

DIMANCHE 9 MARS 2025

« L'homme ne vit pas seulement de pain. »

DIMANCHE 16 MARS 2025

« Il est bon que nous soyons ici ! Faisons trois tentes. »

DIMANCHE 23 MARS 2025

« Peut-être donnera-t-il du fruit. »

DIMANCHE 30 MARS 2025

« Il se leva et s'en alla vers son père. »

DIMANCHE 6 AVRIL 2025

« Et toi, que dis-tu ? »

DIMANCHE 13 AVRIL 2025

« Béni soit celui qui vient au nom du Seigneur. »

C
E
D

DIMANCHE 16 MARS 2025
DIMANCHE 9 MARS 2025
DIMANCHE 30 MARS 2025
DIMANCHE 23 MARS 2025
B
A
DIMANCHE 13 AVRIL 2025
DIMANCHE 6 AVRIL 2025

DIMANCHE 20 AVRIL 2025 • PÂQUES

« La pierre a été enlevée du tombeau. »

Prions en Église

Illustrations : Anne-Lise Boutin.

Comment monter votre retable

1 Découpez les éléments.

2 Pliez les deux bandes latérales.

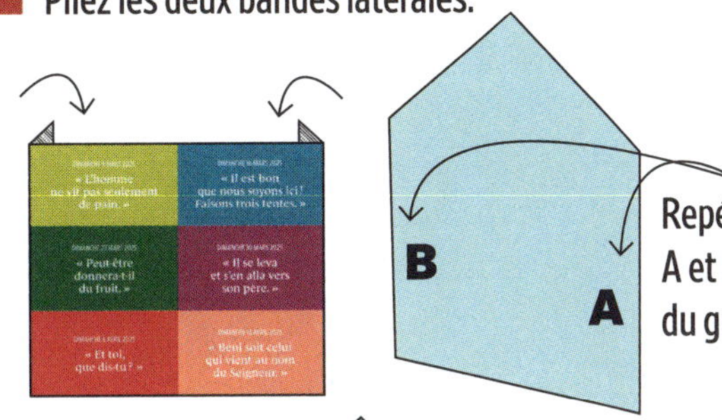

Repérez les zones A et B au verso du grand dessin.

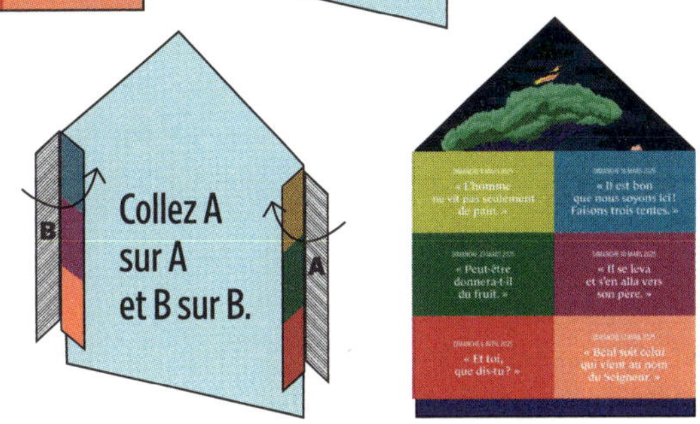

3 Si vous souhaitez poser votre retable

(plutôt que de le suspendre ou l'accrocher au mur).

Collez les deux bandes ensemble.

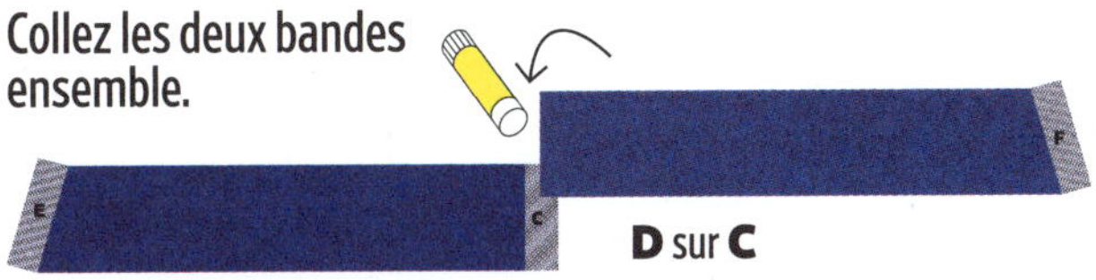

Pliez les petites bandes **E** et **F**

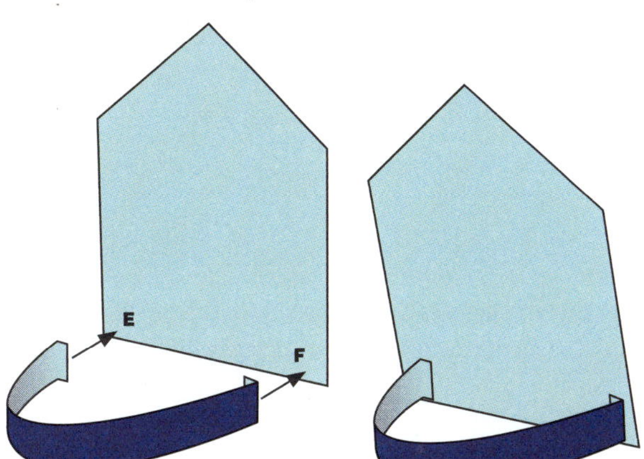

Collez **E** sur **E** et **F** sur **F**

4 Si vous souhaitez ouvrir votre retable tout au long du Carême jusqu'à Pâques.

Le premier dimanche, coupez uniquement le centre du retable et le côté inférieur de la case de gauche.
Renouvelez cette action chaque dimanche pour ouvrir un volet après l'autre.

Ce chant nous invite à nous approcher du Seigneur.

Pour écouter ce chant, rendez-vous page 2.

Partageons le pain du Seigneur

REFRAIN *Allant*

Jeudi saint PAR - TA - GEONS LE PAIN DU SEI - GNEUR___ À LA TA - BLE DE L'U - NI - VERS

Vendredi saint NOUS CHAN-TONS LA CROIX DU SEI - GNEUR___ QUI SE DRES - SE SUR L'U - NI - VERS

C'EST LE DON SANS RE - TOUR___ DE L'A - MOUR DE NO - TRE DIEU.

COMME UN SIGNE É - CLA - TANT___ DE L'A - MOUR DE NO - TRE DIEU.

STROPHES

1. Ve - nez à moi, vous tous qui suc-com - bez sous la fa - ti - gue,
2. Ve - nez à moi, vous tous qui gé - mis - sez sous l'in - jus - ti - ce,
3. Ve - nez à moi, vous tous qui tré - bu - chez dans les té - nè - bres,
4. Ve - nez à moi, vous tous dont on mé - pri - se l'es - pé - ran - ce,

1. c'est moi qui por - te - rai le poids de vo - tre pei - ne.
2. c'est moi qui suis pour vous la loi li - bé - ra - tri - ce.
3. sur vous se lè - ve - ra l'é - clat de ma lu - miè - re.
4. je viens pour re - le - ver les hum - bles qui at - ten - dent.

D39-31 ; T. : J. Hameline ; M. : Jacques Berthier/Populaire ; Bayard.

« L'homme ne vit pas seulement de pain »

Luc 4, 4

© Unsplash

L'Évangile du premier dimanche de Carême

LIRE

ÉVANGILE SELON SAINT LUC 4, 1-13

« L'homme ne vit pas seulement de pain »

En ce temps-là, après son baptême, Jésus, rempli d'Esprit Saint, quitta les bords du Jourdain; dans l'Esprit, il fut conduit à travers le désert où, pendant quarante jours, il fut tenté par le diable. Il ne mangea rien durant ces jours-là, et, quand ce temps fut écoulé, il eut faim. Le diable lui dit alors: « Si tu es Fils de Dieu, ordonne à cette pierre de devenir du pain. » Jésus répondit: « Il est écrit: *L'homme ne vit pas seulement de pain.* »

Alors le diable l'emmena plus haut et lui montra en un instant tous les royaumes de la terre. Il lui dit: « Je te donnerai tout ce pouvoir et la gloire de ces royaumes, car cela m'a été remis et je le donne à qui je veux. Toi donc, si tu te prosternes devant moi, tu auras tout cela. » Jésus lui répondit: « Il est écrit: *C'est devant le Seigneur ton Dieu que tu te prosterneras, à lui seul tu rendras un culte.* »

Puis le diable le conduisit à Jérusalem, il le plaça au sommet du Temple et lui dit: « Si tu es Fils de Dieu, d'ici jette-toi en bas; car il est écrit: Il donnera pour toi, à ses anges, l'ordre de te garder; et encore: Ils te porteront sur leurs mains, de peur que ton pied ne heurte une pierre. » Jésus lui fit cette réponse: « Il est dit: *Tu ne mettras pas à l'épreuve le Seigneur ton Dieu.* »

Ayant ainsi épuisé toutes les formes de tentations, le diable s'éloigna de Jésus jusqu'au moment fixé.

Le retable de Pâques

Vous pouvez ouvrir le volet du premier dimanche de Carême.

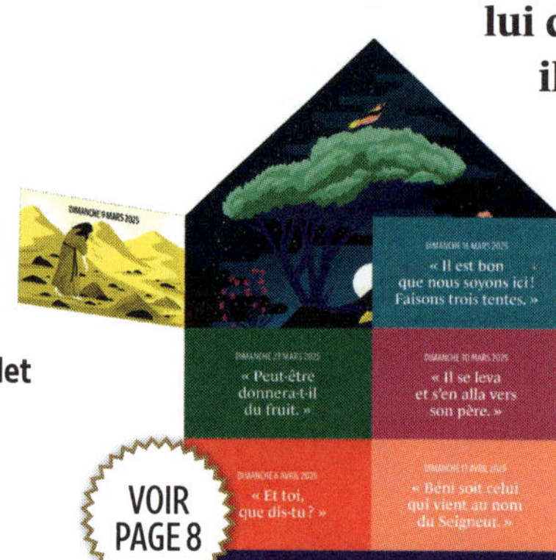

VOIR PAGE 8

APPROFONDIR

Combat spirituel et discernement

Le premier dimanche de Carême nous invite à apprivoiser le désert en nous montrant comment le Christ l'a habité après son baptême, la descente de l'Esprit et la déclaration du Père : « Tu es mon Fils bien-aimé. »

LE TEMPS DE LA PRÉPARATION

« *Je t'aime, Seigneur [...], toi qui exerces mes mains à combattre.* » (cf. Ps 17, 1.35).

LE TEMPS DE L'OBSERVATION

L'affrontement au Mal dans la tentation apparaît comme un moment incontournable dans la vie de Jésus – et donc de tout être humain – alors même qu'il est conduit par l'Esprit et assuré de l'amour du Père, une assurance reçue dans la prière (Lc 3, 21-22). Être affronté à la tentation n'est pas de l'ordre d'une punition ou d'un rejet de Dieu. L'expérience relève de la vulnérabilité humaine que le Christ a partagée avec nous. Le combat spirituel apparaît donc comme une donnée fondamentale dans la vie de tout un chacun. La tentation rejoint Jésus dans ses manques : la faim, son absence de pouvoir et de gloire, le fait que la confiance en Dieu ne relève pas d'un sentiment acquis une fois pour toutes sur lequel une mainmise serait possible. La Parole joue ici un rôle éminent pour combattre la tentation, à condition qu'elle soit interprétée justement. Ce qui suppose le discernement : face à l'interprétation erronée qu'en donne le diable, dans l'évangile de ce jour.

LE TEMPS DE LA MÉDITATION

Le désert géographique nous renvoie aux multiples déserts auxquels nous pouvons être confrontés : ruptures, non-reconnaissance de la part d'autrui, sentiment d'inutilité, maladies, perte d'un conjoint, d'un ami, solitude... Toutes ces situations ayant en commun de nous faire prendre conscience d'une fragilité, de besoins et de désirs non assouvis – en bref, du fait que la vie ne va pas de soi. Ce passage, aussi difficile à vivre soit-il, peut devenir un tremplin, une occasion de mieux nous connaître, de découvrir Dieu « secours dans la détresse, toujours offert » (Ps 45, 2), d'expérimenter la force de sa parole, d'apprendre à exercer notre discernement face aux propositions trompeuses qui peuvent se présenter pour combler le vide intérieur, nous « distraire » et nous éviter de nous poser les bonnes questions sur ce que nous voulons faire de notre vie. Jésus ne se laisse pas déstabiliser, il combat avec ces armes que sont la Parole et la prière, gardant le cap de sa vie filiale, de sa relation au Père dans l'Esprit.

LE TEMPS DE LA PRIÈRE

« *Mon refuge, mon rempart, mon Dieu, dont je suis sûr !* » (Ps 90, 2)

Emmanuelle Billoteau, ermite

À QUEL SAINT SE VOUER ?

Claire

Sainte Claire est invoquée pour obtenir le beau temps, par exemple pour un voyage, un mariage, un évènement qui se déroule à l'extérieur. La tradition veut qu'on lui offre des œufs pour obtenir son aide.

« *Je bénirai le Seigneur en tout temps, sa louange sans cesse à mes lèvres.* »
Psaume 33, 2

LIRE DANS LE JOURNAL DE BORD P. 10

Sœur Bénédicte de la Croix

« J'ai fait l'expérience d'un amour fabuleux »

Sœur Bénédicte de la Croix est cistercienne à l'abbaye Notre-Dame de Bon Secours, à Blauvac (84). Bien connue des lecteurs de *Prions en Église,* dans lequel elle signe des commentaires quotidiens, elle nous raconte son rapport à la prière et à la Parole.

Retrouvez l'intégralité de l'entretien avec sœur Bénédicte de la Croix dans le podcast « Prie-Dieu », accessible sur le site et l'application de *Prions en Église.*

Sœur Bénédicte, qui êtes-vous ?

Je suis d'abord une femme ! Mon costume permet de m'identifier assez facilement comme religieuse bien sûr. Que les gens me disent « Bonjour madame ! » ou « Bonjour ma sœur ! », peu m'importe. Je suis d'abord une femme. Quand on devient religieuse, certains croient qu'on quitte sa féminité. Mais pas moi. Je suis une femme qui a été appelée par Dieu à cette vie consacrée.

De quand date cet appel ?

Depuis que je suis toute petite. Très tôt, j'ai fait l'expérience de la prière au sens mystique du terme. Pour moi, la prière n'avait rien de folklorique. À l'Institut Notre-Dame de Vie, on m'a appris à prier. Je me suis laissé conduire facilement vers la prière. C'était évident de quitter la cour de récréation, de me retirer pour me rendre dans ce lieu de silence. Je devais probablement avoir besoin de ces moments de rupture. Je crois qu'il y a au fond de chacun comme une chapelle. Je suis donc tombée dans la marmite de la prière. J'avais 6 ans. Dans cet Institut, ma vie chrétienne a grandi avec la vie sacramentelle. Ma famille était aussi un terreau de vie chrétienne, mais sans plus. Le divorce de mes parents a compliqué notre vie familiale.

Qu'êtes-vous devenue ensuite ?

J'ai enseigné la philosophie en terminale pendant une vingtaine d'années. Et, pendant plus de dix ans, j'ai vécu une expérience de rupture totale avec Dieu. J'avais alors l'impression que Dieu m'empêchait un peu de vivre certaines expériences, qu'il entravait ma liberté. J'ai découvert que c'était bien de vivre sans Dieu, mais ce qui m'a terrifiée

Sœur Bénédicte de la Croix à l'abbaye Notre-Dame de Blauvac (84).

© Corine Brisbois

ensuite, ce fut l'expérience du vide. Non pas le désert, mais le vide. Je me souviens d'un moment précis. J'étais en Corse, assise sur un rocher au bord de la mer. Et je me suis mise à crier face au vide abyssal qui s'ouvrait devant moi. Je dirais aujourd'hui que ce fut l'expérience d'une béance liée à une blessure.

Comment cela s'est-il manifesté ?

J'ai pleuré toutes les larmes de mon corps et je me suis dit : « Tu as deux solutions : soit tu vas trouver un prêtre pour te confesser et remettre les choses en ordre, soit tu rentres chez toi, parce que tu es en train de disjoncter. » J'ai vécu le don des larmes. Cela a duré un certain temps, ce qui m'a permis d'évacuer pas mal de choses. La question qui s'est alors posée à moi, ce n'était pas celle de la vie religieuse. Je voulais rejoindre les plus pauvres. J'ai contacté un prêtre que je ne connaissais pas et il m'a orientée vers les pauvres d'aujourd'hui, particulièrement les personnes en fin de vie. Je n'y avais jamais pensé. Ce prêtre m'a indiqué une association, L'autre rive. C'est une association qui travaille à l'hôpital d'Avignon. J'ai suivi une formation pour accompagner les personnes en soins palliatifs tout en continuant à enseigner. Un livre m'a profondément marquée, *Le don du souffle,* de frère Christophe, moine de Tibhirine. Je l'ai lu juste après la mort des moines, en mai 1996. Le titre m'avait attirée. J'ai passé la nuit à lire ses poèmes.

Qu'est-ce qui vous attirait dans ces écrits ?

J'ai découvert un homme amoureux, mort dans des conditions dramatiques. Ses écrits sont des poèmes d'amour imprégnés d'un souffle qui m'étonne encore aujourd'hui. Une brûlure d'absolu. Frère Christophe •••

Ci-dessus : temps de prière personnelle dans la chapelle. Page de droite : dans les vignes de l'abbaye ; atelier de fabrication des hosties.

••• a révélé en moi un désir que j'avais essayé d'étouffer. J'ai voulu en savoir un peu plus sur les Cisterciens, puisque Christophe lui-même l'était. Non loin de Carpentras se trouve l'abbaye cistercienne de Blauvac. En ce lieu, j'ai été marquée par l'oraison silencieuse. Un jour, en quittant l'abbaye, j'ai eu un accident de voiture. Ma petite Twingo a fait des tonneaux. Quand j'ai ouvert la portière, un homme, témoin de l'accident m'a dit : « Vous devriez être morte madame ! » J'ai fait une expérience très étonnante. Je me voyais partie dans les bras du Père. J'étais bien consciente. C'était comme l'expérience d'un amour fabuleux.

Cet accident est-il à l'origine de votre engagement dans la vie monastique ?
Oui, en quelque sorte. J'ai eu la certitude d'être appelée par Dieu. J'aurais pu mourir, c'était alors la fin de l'histoire. Mais je suis revenue à la vie. J'ai fait l'expérience de l'extrême d'une vie pour découvrir la profondeur de la Résurrection dans la vie. C'est comme si vous descendiez dans les profondeurs des enfers. J'ai vécu cet accident de voiture comme un choc qui m'a permis de me détacher des activités qui me passionnaient. Un an plus tard, j'avais 42 ans, je suis entrée au noviciat à l'abbaye cistercienne Notre-Dame de Bon Secours, à Blauvac.

Que se passe-t-il quand la porte du monastère s'ouvre à vous ?
On plonge dans la piscine, sans bouée ! On quitte le monde extérieur, sa profession, ses multiples activités, on repart presque à zéro. Ce qui m'attirait vraiment, c'était la vie de prière. Il me fallait entrer dans une vie rythmée au son de la cloche et des offices.

Était-ce facile ?
Quand on a 42 ans, on n'est pas aussi malléable que quand on en a 25... Il faut que Dieu soit vraiment présent, sinon, c'est impossible. Si j'ai persévéré, c'est parce que Dieu et la grâce étaient là. Au début, c'est assez déstabilisant, mais le but de cette vie, c'est que la prière devienne continuelle, quelles que soient nos activités. Cet apprentissage de la vie monastique fut laborieux pour moi qui étais habituée à ma liberté souveraine. Quand je marchais dans la clôture, j'avais l'impression d'être un poisson rouge dans son bocal !

Quel sens donnez-vous à la prière monastique ?
La prière des moines et des moniales agit comme les poumons qui permettent à la terre de respirer. Petit à petit, l'office divin, qui est la grande prière de l'Église, nous humanise et nous permet de rejoindre l'humanité à travers ses peines et ses joies. Car nous ne sommes pas hors du monde. Un dominicain me disait que notre vocation établissait un écart fertile avec le monde. C'est très juste.

Après vingt-cinq ans de vie monacale, que devient votre prière ?
Le risque, c'est de s'essouffler. Ma vie est rythmée par les offices et le travail, elle pourrait vite devenir monotone. Ma prière se nourrit de la lectio divina, de l'étude et de la méditation de la parole de Dieu. Je m'accroche à la Parole comme un grimpeur •••

ÉVÉNEMENTS À VENIR À L'ABBAYE DE BLAUVAC

DU 8 AU 10 AVRIL
Stage d'enluminures
Trois jours pour découvrir et s'essayer à l'art de l'enluminure.

DU 26 MAI AU 6 JUIN
Entraide et fraternité printemps
Fêter l'Ascension et participer à la vie de la communauté.

04 90 61 79 37
abbaye-blauvac.com

© Corine Brisbois

Ci-contre : prière en communauté ; promenade au jardin ; récolte des olives avec des hôtes.

••• s'accroche à mains nues à la falaise. Saint Bernard nous encourage à être comme des brebis, à manger la Parole puis à la ruminer toute la journée. La Parole est nourriture, la Parole est vivante, la Parole est comme le Pain de vie. Vingt-cinq ans après mon entrée au noviciat, la parole de Dieu continue à me parler, à me provoquer, à nourrir le dialogue entre Dieu et ma vie de femme et de religieuse.

Que recherchent les hôtes qui viennent passer un séjour parmi vous ?

Ils viennent se reconnecter avec eux-mêmes. On les écoute sans les juger. Beaucoup, surtout les plus jeunes, se posent la question du sens de leur vie. Vivre un temps de retraite dans un monastère, c'est vivre l'expérience d'Emmaüs. On fait un petit bout de chemin ensemble, et on rentre chez soi transformé. On ne fait pas grand-chose, sinon écouter et libérer une parole. Les jeunes sont particulièrement sensibles à une oreille compatissante.

Pourquoi ?

Ils commencent leur vie professionnelle juste après avoir terminé leurs études supérieures. Ils ont fait tout ce qu'il fallait faire pour les réussir. Ils se réveillent et se posent soudain la question : « Mais qu'est-ce que je fais là ? » C'est la grande question du sens de la vie. On en voit beaucoup changer d'orientation. Les monastères sont des lieux où ils se sentent accueillis sans être jugés. Ils vivent alors des moments parfois douloureux, mais en même temps émouvants. Ils repartent ragaillardis et ça, c'est beau ! ■

Propos recueillis par Sylvain Gasser

P. 8

RENDEZ-VOUS DANS VOTRE JOURNAL DE BORD.

POUR ALLER PLUS LOIN

Ai-je déjà vécu un séjour dans un monastère ou une abbaye ? Qu'est-ce que j'y recherchais ? Qu'est-ce que j'y ai trouvé ?

Ai-je déjà fait l'expérience d'un amour fabuleux ? Quand ?

ES CARÊME 2025• IDÉES CARÊME 2025• IDÉES CARÊME 2025 • IDÉES CARÊME 2025• IDÉES CARÊ

Il existe différentes manières de vivre le Carême jour après jour. De nombreuses paroisses ou communautés fourmillent d'idées.

© Centre spirituel du Châtelard

Centre spirituel du Châtelard

Une retraite avec jeûne alimentaire

Le Châtelard, centre spirituel jésuite proche de Lyon (69), organise une retraite en silence avec jeûne alimentaire au début du Carême. Animée par le docteur Geneviève Letanche et Brigitte Van Dorpe, la retraite s'articule autour de temps de prière, de conférences et de lectures personnelles, la messe quotidienne, ou encore de la relaxation corporelle. La retraite dure huit jours, avec deux jours de réalimentation sur place. Pendant la semaine, du bouillon chaud et du jus de légumes sont proposés pour les repas. « Le jeûne prend l'ensemble de la personne », explique Geneviève Letanche, formée depuis plus de vingt ans à l'accompagnement spirituel ignatien et à l'accompagnement médical de ces retraites. « La purge de l'intestin lié au jeûne permet d'être plus réceptif à la parole de Dieu, à la nature, à tout ce que nous pouvons sentir et voir, poursuit-elle. Au fil des jours, une acuité spirituelle s'aiguise par le jeûne. »

Cette année, la retraite a lieu du 28 février au 9 mars. Renseignements : 04 72 16 22 33, accueil@chatelard-sj.org www.chatelard-sj.org

•••

ÉES CARÊME 2025• IDÉES CARÊME 2025• IDÉES CARÊME 2025• IDÉES CARÊME 2025• IDÉES CARÊ

… Une prière pour les catéchumènes

Le diocèse de Nantes (44) propose pendant le Carême de prier pour les catéchumènes du diocèse. Leurs noms sont inscrits sur une petite affiche, suivis d'une prière issue de la célébration de l'appel décisif du rituel de l'initiation chrétienne des adultes. Cette affiche est diffusée dans les newsletters du diocèse et sur le site web. Les diocésains peuvent ainsi prier pour les catéchumènes qui seront baptisés à Pâques, seul ou en paroisse. À l'origine de cette proposition, le constat fait par Céline Bonnet, responsable du service catéchuménat du diocèse de Nantes, d'un « cheminement qui se fait dans des équipes assez étanches » et d'une « méconnaissance de nos frères futurs baptisés ». « Notre rôle est d'élargir la tente, explique-t-elle. Cette initiative montre aux diocésains paroissiens qu'il y a du monde en route, c'est super ! »

Pour s'inscrire à la newsletter du diocèse de Nantes : diocese44.fr/_menu/jagis/je-minscris-a-la-newsletter

Diocèse de Nantes

Baptême d'adulte, lors de la vigile pascale. Paris, 2024.

© Corinne Simon / Hans Lucas

Cinéma associatif de Saint-Just-Saint-Rambert (42)

© Noémie Coquet

Paroisse Saint-François-en-Forez

Un « Ciné-Carême »

Les mardis de Carême, la diaconie paroissiale de Saint-François-en-Forez organise un « Ciné-Carême » dans le cinéma associatif de Saint-Just-Saint-Rambert (42). Comédie, documentaire, film familial… les types de film varient à chaque fois. « L'idée est de regarder une œuvre qui donne à réfléchir, puis de rencontrer les membres d'une association en lien avec le film, et de débattre tous ensemble », explique Céline Fouillant. Cette membre de la diaconie et grande cinéphile sélectionne des films grand public pour attirer les spectateurs. Ils sont ainsi plusieurs dizaines de spectateurs, paroissiens ou non, à se rendre chaque mardi au « Ciné-Carême ».

Anne-Quitterie Jozeau

Paroisse Saint-François-en-Forez : 04 77 36 47 62

« Il est bon que nous soyons ici ! Faisons trois tentes »

Luc 9, 33

© Getty Images

L'Évangile du deuxième dimanche de Carême

LIRE

ÉVANGILE SELON SAINT LUC 9, 28B-36

« Il est bon que nous soyons ici! Faisons trois tentes »

En ce temps-là, Jésus prit avec lui Pierre, Jean et Jacques, et il gravit la montagne pour prier. Pendant qu'il priait, l'aspect de son visage devint autre, et son vêtement devint d'une blancheur éblouissante. Voici que deux hommes s'entretenaient avec lui : c'étaient Moïse et Élie, apparus dans la gloire. Ils parlaient de son départ qui allait s'accomplir à Jérusalem. Pierre et ses compagnons étaient accablés de sommeil; mais, restant éveillés, ils virent la gloire de Jésus, et les deux hommes à ses côtés. Ces derniers s'éloignaient de lui, quand Pierre dit à Jésus : « Maître, il est bon que nous soyons ici ! Faisons trois tentes : une pour toi, une pour Moïse, et une pour Élie. » Il ne savait pas ce qu'il disait. Pierre n'avait pas fini de parler, qu'une nuée survint et les couvrit de son ombre; ils furent saisis de frayeur lorsqu'ils y pénétrèrent. Et, de la nuée, une voix se fit entendre : « Celui-ci est mon Fils, celui que j'ai choisi : écoutez-le ! » Et pendant que la voix se faisait entendre, il n'y avait plus que Jésus, seul. Les disciples gardèrent le silence et, en ces jours-là, ils ne rapportèrent à personne rien de ce qu'ils avaient vu.

Le retable de Pâques

Vous pouvez ouvrir le volet du deuxième dimanche de Carême.

VOIR PAGE 8

APPROFONDIR

Un autre baptême

La Transfiguration n'est pas un moment à part, déconnecté de la vie passée et future de Jésus, mais une clé de lecture de son existence.

LE TEMPS DE LA PRÉPARATION

« Le Seigneur est ma lumière et mon salut;
de qui aurais-je crainte ?
Le Seigneur est le rempart de ma vie;
devant qui tremblerais-je ? » (Ps 26, 1)

LE TEMPS DE L'OBSERVATION

Dans une expérience mystique, Jésus discute avec Moïse et Élie. Le dialogue est enveloppé de lumière, la conversation se fait dans la clarté divine. De quoi parlent-ils ? De la mort prochaine de Jésus : « Ils parlaient de son départ qui allait s'accomplir à Jérusalem. » Il n'y a pas de traces d'angoisse dans le récit. Au contraire, la fin prochaine de Jésus est présentée comme un accomplissement, c'est-à-dire une réalisation. Jésus va mourir comme il a vécu : pleinement. Le seul à ne pouvoir supporter cet inconfort est Pierre qui propose de retenir Jésus, Moïse et Élie dans cette clarté enveloppante. Or en ayant peur, Pierre fait partir la lumière. Une voix divine descend des cieux pour demander aux disciples de se mettre à l'écoute. Ces paroles sont proches de celles prononcées lors du baptême de Jésus chez Matthieu. Comment mieux dire que l'épisode de la Transfiguration ressemble beaucoup à un autre baptême ?

LE TEMPS DE LA MÉDITATION

Jésus monte vers sa mort. La conscience qu'il en a dépasse une intelligence psychologique ou politique de la situation. Il sait que des raisons s'accumulent, qui vont conduire à sa mort. De nombreuses personnes ont intérêt à ce qu'il meure. Le récit de la Transfiguration nous aide à relire ce qui se joue. Jésus craint peut-être la souffrance à venir mais il sait intimement que sa mort participe de ce qu'a été sa vie. Il n'y aura pas de rupture ou d'incohérence. Penser que sa mise à mort serait un échec est une vision mondaine de la réalité. Élie et Moïse, la clarté, la voix de Dieu sont autant de signes qu'un chemin de réalisation est à l'œuvre. Jésus montre un chemin spirituel qui se construit dans la cohérence. L'important n'est pas de tout réussir mais de tout réaliser. Cette vérité n'est pas simple à entendre. Elle est pourtant au cœur de la foi chrétienne, au centre de ce qui est demandé aux disciples du Christ.

LE TEMPS DE LA PRIÈRE

« J'ai demandé une chose au Seigneur,
la seule que je cherche : habiter la maison
du Seigneur tous les jours de ma vie,
pour admirer le Seigneur dans sa beauté
et m'attacher à son temple. » (Ps 26, 4)

Marie-Laure Durand, bibliste

À QUEL SAINT SE VOUER ?

Joseph

Modèle de discrétion et protecteur de sa famille, Joseph est en tout temps une aide et un guide lors de moments difficiles. Il a pris soin de Jésus, dès sa naissance, comme un père de famille. En acceptant de reconnaître Jésus comme son fils, Joseph le fait entrer dans la famille du roi David, dont il est le descendant.

« Joseph, fils de David, ne crains pas de prendre chez toi Marie. »
Matthieu 1, 20

LIRE DANS LE JOURNAL DE BORD P. 18

La confession, pas si facile?

Beaucoup d'a priori peuvent surgir quand il s'agit d'aller se confesser. Le frère dominicain Nicolas Burle y répond simplement et nous montre que la réconciliation avec Dieu, avec les autres et avec soi-même est un acte de foi dans la Résurrection.

« La confession, c'est une torture ! »

C'est plutôt un médicament ! Elle n'est pas toujours sucrée mais elle fait du bien. Quand j'étais étudiant, un prêtre m'a dit : « Nous allons remercier Dieu pour cette belle et humble confession. » On ne m'avait jamais dit cela. Donc, à mon tour, je vous le dis : c'est beau de se confesser !

Dans la confession, je reconnais ce qui est de ma faute pour en être délivré. Je n'essaye pas de me trouver des circonstances atténuantes en me disant que ce n'est pas si grave. Au contraire, j'ai fait du mal et demande à en être libéré pour faire maintenant le bien. Le pardon n'est pas non plus l'oubli. La mémoire restera peut-être durablement blessée. Il ne s'agit pas d'oublier mais de décider que le passé ne fera plus obstacle à ma relation à Dieu et aux autres.

« La confession est-elle magique ? »

Abracadabra péché disparu ? Est-ce aussi simple que cela ? Pas vraiment ! Quand je choisis le mal, je blesse ma capacité à aimer. Comme pour toute blessure, il y a des péchés de différentes gravités. Les véniels nous égratignent et les mortels portent bien leur nom. Tous produisent de la tristesse dans notre cœur.
L'efficacité du sacrement consiste à guérir cette blessure. Et le pardon nous réconcilie avec Dieu ainsi qu'avec l'ensemble du peuple des baptisés qu'est l'Église. Lors de la confession, je suis donc invité à dire au prêtre les péchés que je regrette d'avoir commis et je demande à Dieu son pardon en m'engageant à faire pénitence, c'est-à-dire à œuvrer maintenant pour le bien dans ma vie. C'est le contraire de la magie : rien ne se fait sans moi !

« Je préfère parler à Dieu plutôt qu'à un prêtre ! »

Moi aussi ! Mais Jésus veut que nous ayons besoin les uns des autres. Le jour de sa résurrection, Jésus souffle sur ses apôtres et leur dit : « Recevez l'Esprit Saint. À qui vous remettrez ses péchés, ils seront remis ; à qui vous maintiendrez ses péchés, ils seront maintenus. » Dans la foi catholique, les successeurs des apôtres sont les évêques et leurs collaborateurs les prêtres. Le Christ leur demande de continuer sa mission : pardonner les péchés. Et eux aussi se confessent ! Même le pape ne peut s'auto pardonner en se regardant dans la glace : il a également besoin de l'aide d'un chrétien qui a reçu cette mission de l'Église, un prêtre.

« Je ne sais jamais quoi dire en confession. »

« Je suis peut-être parfois un peu impatient… » Soyons honnêtes : cette confession vague n'a pas beaucoup d'intérêt. Nous risquons de nous cacher derrière un nuage de mots. La confession, c'est du désherbage : il s'agit d'arracher la mauvaise herbe jusqu'à la racine pour qu'elle ne repousse pas. « Je suis devenu tellement impatient qu'hier encore, en voiture, je me suis mis en colère. Je vois bien qu'il y a un problème car cela revient souvent. » Plus je nomme le péché, plus je permets à Dieu d'agir.
Le Seigneur nous commande d'aimer Dieu et notre prochain comme nous-mêmes. Et nous choisissons trop souvent de ne pas aimer. C'est cela le péché : une pensée, une parole ou un acte conscient, libre et volontaire de faire le mal. Soyons donc concrets !

« Mais alors pourquoi confesse-t-on toujours les mêmes péchés ? »

Saint Philippe Néri avait prié pour être délivré de la colère. Une heure plus tard, il est revenu en pleurant après s'être mis trois fois de suite en grande colère. « Seigneur, tu devais me délivrer ! » Et le Seigneur lui a répondu : « Mais je t'ai exaucé, Philippe ! Tu as eu trois occasions de te convertir et trois fois tu es tombé. Quand prendras-tu enfin appui sur moi ? »
Notre conversion prend du temps. Il faut gagner beaucoup de batailles pour remporter une guerre ! Et peut-être aussi ne faisons-nous pas assez confiance à la grâce de Dieu ? Combien de fois retournons-nous au combat après une confession sans demander son aide à Dieu ? Un de mes amis, quand il est tenté, se répète ainsi en boucle : « Le Seigneur est ma lumière et mon salut : de qui aurais-je crainte ? » De personne !

© Robin

« Comment Dieu peut-il me pardonner, si moi-même je n'arrive pas à me pardonner ? »

Un enfant du catéchisme m'avait un jour parfaitement résumé la confession : « Quand je demande pardon à Dieu, il me pardonne bien sûr. Mais quand j'entends que mes péchés sont pardonnés, alors j'en suis sûr ! »
Le pardon est un acte de foi dans la Résurrection : la vie plus forte que la haine et la mort. Le dimanche de Pâques, Jésus ne part pas à la poursuite des assassins pour les condamner. Il a déjà tout pardonné sur la Croix. Nous savons maintenant qu'il n'y a donc pas de péché que Dieu ne pourrait pas pardonner. Ou alors le mal serait-il plus puissant que Dieu ? Terrible perspective ! Mais saint Jean nous rappelle le bienfait de l'absolution : « Bien-aimés, si notre cœur nous accuse, Dieu est plus grand que notre cœur » (1 Jn 3, 20).

Le Rituel

Le sacrement de réconciliation se donne à un fidèle qui confesse ses péchés et reçoit le pardon de Dieu à travers le prêtre.

Exemple de prière de regret

Le fidèle :

**« Mon Dieu,
j'ai péché contre toi et mes frères,
mais près de toi se trouve
le pardon. Accueille mon repentir
et donne-moi la force de vivre
selon ton amour. »**

Absolution

Le prêtre :

**« Que Dieu notre Père
vous montre sa miséricorde;
par la mort et la Résurrection
de son Fils, il a réconcilié
le monde avec lui
et il a envoyé l'Esprit Saint
pour la rémission des péchés :
par le ministère de l'Église,
qu'il vous donne
le pardon et la paix.
Et moi, au nom du Père,
et du Fils et du Saint-Esprit,
je vous pardonne
tous vos péchés. »**

« On parle plus de miséricorde que de pardon aujourd'hui. Quelle est la différence ? »

Le curé d'Ars a une belle image. Il rappelle que l'âme est comme une vitre transparente à la lumière de Dieu. Chaque péché est comme de la boue lancée sur la vitre. À la fin, on n'y voit plus rien. Pire : on ne voit même plus la boue sur la boue. Chaque sacrement, chaque prière lave cette vitre avec l'eau du pardon. La lumière entre ainsi à nouveau dans notre âme et nous y voyons clair. Le pardon s'applique donc à ce que nous avons fait.

La miséricorde, elle, est plus vaste : elle s'applique à ce que l'on est. Saint Augustin dit que Dieu aime notre misère d'un amour miséricordieux. Il nous aime sans conditions. Il ne nous aime pas moins quand nous avons péché ! Jésus ne s'arrête pas à ce que nous sommes maintenant mais il regarde ce que nous pouvons devenir : des saints et des saintes. ■

P. 14
RENDEZ-VOUS DANS VOTRE JOURNAL DE BORD.

POUR ALLER PLUS LOIN

Et si je désirais vivre le sacrement de réconciliation ? Je pourrais me préparer avec l'examen de conscience « spécial Jubilé 2025 » à retrouver dans le journal de bord.

La couronne de Carême

Ornée de fleurs et de petits messages, cette couronne originale pour le temps de Carême et de Pâques épatera vos proches ou invités qui franchiront votre porte.

Conception et réalisation: © Béatrice Basteau

MATÉRIEL

Vous trouverez les cinq éléments suivants en magasin de beaux-arts, chez le fleuriste, à la mercerie ou sur internet.

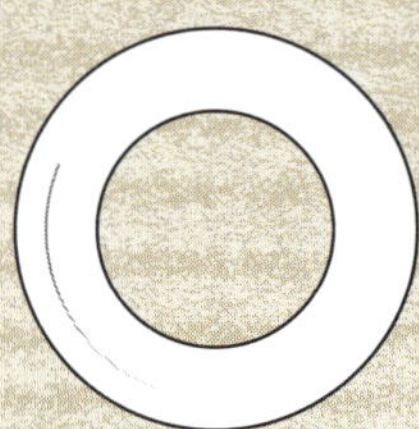

★ Une couronne de polystyrène de 25 cm environ.

★ Une pelote de laine verte (imitation herbe ou fourrure si possible).

★ Des pâquerettes en tissu à broder ou en papier (à faire soi-même).

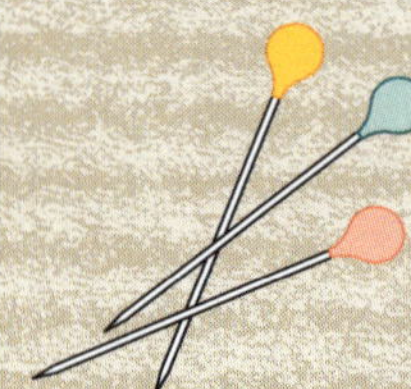

★ Des aiguilles à têtes jaunes et de différentes couleurs.

★ Des petites bandes de papiers colorés de 2 x 8 cm environ.

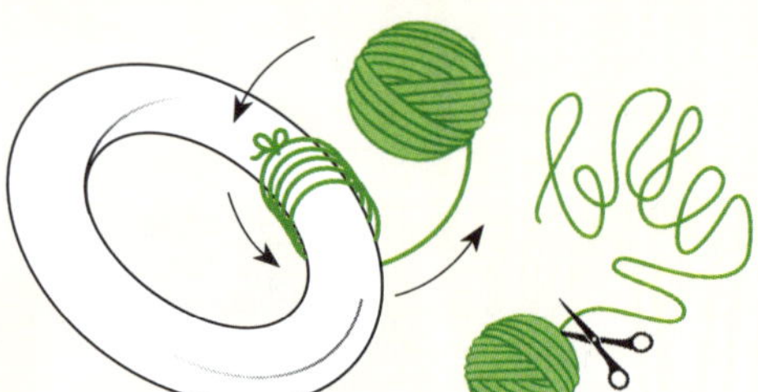

1. Enroulez toute la pelote autour de la couronne. Pour faciliter, vous pouvez découper la pelote en plusieurs parties et nouer les fils sur la couronne.

2. Piquez les pâquerettes dans la couronne avec les aiguilles jaunes.

3. Écrivez vos messages sur les papiers. Pliez-les en deux.

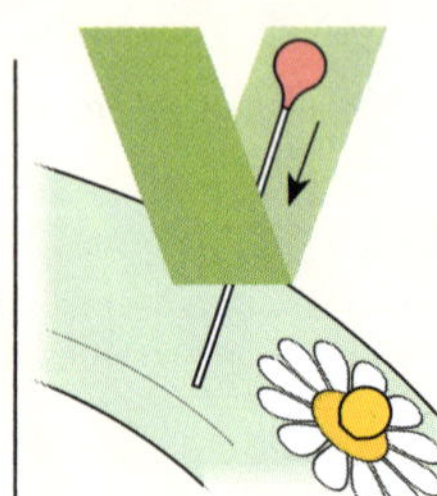

4. Piquez-les entre les pâquerettes avec les aiguilles colorées.

5. Suspendez la couronne à votre porte à l'aide de ficelle, de ruban ou d'un adhésif double face.

6. Faites tirer un joli message aux proches et amis qui entrent chez vous.

Idées de messages

« Que serait la lumière sans les êtres qui la perçoivent ? »

« Quand une porte se ferme, une autre s'ouvre. »

« Le Christ est vivant ! Alléluia ! »

« Béni soit celui qui vient au nom du Seigneur. »

« Est-ce que la maman d'un œuf de Pâques, c'est une poule en chocolat ? »

Conception et réalisation : © Béatrice Basteau

« Peut-être donnera-t-il du fruit »

Luc 13, 9

L'Évangile du troisième dimanche de Carême

LIRE

ÉVANGILE SELON SAINT LUC 13, 1-9

« Peut-être donnera-t-il du fruit »

Un jour, des gens rapportèrent à Jésus l'affaire des Galiléens que Pilate avait fait massacrer, mêlant leur sang à celui des sacrifices qu'ils offraient. Jésus leur répondit : « Pensez-vous que ces Galiléens étaient de plus grands pécheurs que tous les autres Galiléens, pour avoir subi un tel sort ? Eh bien, je vous dis : pas du tout ! Mais si vous ne vous convertissez pas, vous périrez tous de même. Et ces dix-huit personnes tuées par la chute de la tour de Siloé, pensez-vous qu'elles étaient plus coupables que tous les autres habitants de Jérusalem ? Eh bien, je vous dis : pas du tout ! Mais si vous ne vous convertissez pas, vous périrez tous de même. »

Jésus disait encore cette parabole : « Quelqu'un avait un figuier planté dans sa vigne. Il vint chercher du fruit sur ce figuier, et n'en trouva pas. Il dit alors à son vigneron : "Voilà trois ans que je viens chercher du fruit sur ce figuier, et je n'en trouve pas. Coupe-le. À quoi bon le laisser épuiser le sol ?" Mais le vigneron lui répondit : "Maître, laisse-le encore cette année, le temps que je bêche autour pour y mettre du fumier. Peut-être donnera-t-il du fruit à l'avenir. Sinon, tu le couperas." »

VOIR PAGE 8

Le retable de Pâques

Vous pouvez ouvrir le volet du troisième dimanche de Carême.

APPROFONDIR

Interpréter les événements

L'évangile de ce dimanche n'est pas de ceux que nous aimons particulièrement entendre. Il est pourtant en consonance avec la liturgie du Carême qui nous oriente vers le « labeur de la conversion », pour reprendre une expression chère au monachisme ancien.

LE TEMPS DE LA PRÉPARATION

« *Seigneur [...], fais-nous revenir; que ton visage s'éclaire, et nous serons sauvés.* » (Ps 79, 20)

LE TEMPS DE L'OBSERVATION

L'évangile commence par un enseignement de Jésus, lequel part de deux « faits divers » : le massacre par Pilate de Galiléens offrant des sacrifices; la mort des victimes de la chute de la tour de Siloé à Jérusalem. Les deux événements interrogent et insécurisent. Ne rappellent-ils pas à chacun le côté absurde de la mort qui peut frapper n'importe où et n'importe quand, aussi bien des Galiléens que des habitants de Jérusalem censés être plus fidèles à l'Alliance que les premiers ? La tentation que Jésus met au jour est celle de chercher des explications et des coupables : ici, les victimes elles-mêmes qui n'auraient eu que ce qu'elles méritaient. Jésus va orienter les regards autrement : vers un à-venir qui est celui du Jugement, de la rencontre ultime avec Dieu. Ce qui peut modifier notre présent si nous savons tirer profit des événements nous rappelant l'urgence de la conversion, du retour à Dieu dont nous avons toujours tendance à nous éloigner.

LE TEMPS DE LA MÉDITATION

La parabole du figuier stérile – un arbre lié à la fréquentation de l'Écriture dans les écrits rabbiniques et à son accomplissement dans le concret de l'existence – apporte un complément. Elle nous dit la patience de Dieu, nous rappelle qu'il ne veut pas la mort du pécheur mais sa conversion et sa vie (cf. Ez 18, 23). Cette parabole est propre à Luc et à son évangile, centré sur la miséricorde divine. Le temps que nous vivons est donc celui de « la patience de Dieu » (cf. 2 P 3, 9) et de la préparation au face-à-face. Et nous savons que la rencontre avec une personne aimée nous stimule à donner le meilleur de nous-mêmes. Alors, combien plus quand il s'agit de Dieu ! Cela étant, Jésus ne nous appelle pas à ce perfectionnisme qui conduit à l'épuisement dans la recherche d'un idéal inatteignable, mais nous convie plutôt à accueillir ses visites dans l'aujourd'hui, à nous laisser transformer par sa lumière et à coopérer à son dessein de salut.

LE TEMPS DE LA PRIÈRE

« *Le Seigneur est tendresse et pitié, lent à la colère et plein d'amour.* » (Ps 102, 8)

Emmanuelle Billoteau, ermite

Antoine de Padoue

Depuis des siècles, saint Antoine de Padoue est invoqué pour retrouver des objets perdus, recouvrer la santé et obtenir qu'un vœu soit exaucé. Canonisé moins d'un an après sa mort et proclamé docteur de l'Église en 1946, sa vie est méconnue.

« *Dirige ton chemin vers le Seigneur, fais-lui confiance, et lui, il agira.* »
Psaume 36, 5

LIRE DANS LE JOURNAL DE BORD P. 24

Pierre Le Cacheux, artiste

« Le vitrail porte les âmes vers le ciel »

Peintre et créateur d'art sacré, Pierre Le Cacheux réalise du mobilier religieux et des vitraux. Il nous explique comment il introduit de la joie dans ses œuvres, qui sont ses prières.

Quelle est votre première intention quand vous travaillez dans une église ?

Quand j'interviens dans d'anciennes églises du XIXe siècle, plutôt tristes en général, et que je refais le chœur, j'essaie d'illuminer l'autel, l'ambon, le siège du célébrant par des feuilles d'or, de la peinture, en choisissant des tons assez purs. L'attention des fidèles doit être captée par ce qui se passe au centre de la célébration. La lumière est essentielle dans un lieu sacré. On ne peut pas s'en passer. La lumière dans les églises romanes est plus ténue. Les murs et les autels étaient peints pour compenser le fait que l'architecture de cette époque limitait le passage de la lumière à de petites ouvertures.

C'est donc un travail sur la lumière qui vous guide ?

Oui, la lumière est primordiale. C'est elle qui donne le sentiment de baigner dans la joie. La lumière, c'est aussi la couleur.

Vous travaillez en particulier sur des vitraux d'église. Est-ce uniquement la lumière du soleil qui les traverse qui vous intéresse ?

Bien sûr, le soleil projette de la gaîté et de la vie au travers des vitraux, cependant la couleur produite doit évoquer une pensée en relation avec les lieux. Le vitrail ne doit pas être un support pour fantasme d'artiste, il n'est pas un objet d'exposition mais un objet sacré qui doit porter les âmes vers le ciel.

Pierre Le Cacheux, chez lui à Paris (XIXe) en octobre 2024.

© Sophier Chivet

Le caractère sacré du vitrail est obtenu par la couleur et la transparence. Par ailleurs, je trouve que le verre coloré sans aucune interaction avec l'extérieur est souvent vulgaire. En revanche, le verre non coloré, moulé ou thermoformé est plus adapté en intérieur car il a une fonction plus dynamique. Il est plus vivant et presque cinétique car, lorsque l'on se déplace devant, la lumière bouge à l'intérieur du verre. Un bouquet de fleurs derrière un verre thermoformé explose de couleurs.

En quoi consiste cette technique de verre thermoformé ?

Cette technique est proche de celle du verre « cathédrale », un verre industriel renforcé, gaufré, de manière à ne pas être vu directement. La différence, c'est que dans le verre thermoformé le dessin n'est pas répétitif puisque l'empreinte obtenue est faite à la demande pour un projet donné. On vient sculpter une surface et on pose un verre que l'on chauffe par-dessus afin qu'il prenne la forme donnée. Les utilisations sont très variées. Le thermoformage date d'il y a un certain temps mais il a surtout été utilisé dans l'industrie pour faire des assiettes à répétition, par exemple. On ramollissait du verre sur une forme. Le verre de Lalique est de la même veine, mais ce n'est pas le même travail du verre. Souvent, on me dit que ce que je fais ressemble à du Lalique mais •••

En haut : Pierre Le Cacheux dans son atelier parisien.
En bas : verre thermoformé.

••• nous n'avons pas la même technique. Lalique faisait du coulage dans des moules rectos versos plus épais.

Le verre thermoformé a-t-il une incidence sur la lumière ?
Le verre thermoformé n'empêche pas la lumière de passer. Les différentes épaisseurs du verre diffractent la lumière, ce qui le rend plus vivant. La lumière vit sur et dans la surface. Ma première commande de verre thermoformé a été pour l'abbaye de la Trappe de Soligny. Les moines voulaient des claustras pour leur clôture monastique. Je leur ai proposé du verre thermoformé qui permet de laisser passer la lumière et de conserver l'intimité de la clôture. Et ce fut une des premières surfaces importantes de verre thermoformé créée dans le monde.

Comment en êtes-vous venu à l'art sacré ? Est-ce une recherche spirituelle ?
C'est arrivé par hasard. J'ai été élevé dans la religion catholique, j'allais à la messe avec ma mère et je faisais ma prière tous les soirs. J'ai presque failli choisir le sacerdoce, auquel j'ai finalement renoncé. Mais une de mes tantes était mère supérieure de la Merci-Dieu, un monastère de sœurs cisterciennes dans la Sarthe. Leur atelier de vêtements sacerdotaux a commencé à être connu dans les années préconciliaires. Les sœurs m'ont alors demandé de peindre des chasubles pour diversifier leur production. J'ai donc fait une quantité de chasubles, sur de la soie, du coton etc. pour plusieurs églises, des cathédrales, dont celle d'Évry. Cela m'a mis le pied à l'étrier et c'est par la suite que l'on m'a demandé de réaliser du mobilier liturgique.

Dans quel esprit avez-vous travaillé ?
J'ai toujours cherché à respecter les fidèles. Notre travail consiste à ce que toute l'attention soit portée à la gestuelle du prêtre, à la beauté des objets liturgiques, à introduire de la joie. Il faut que ce que l'on voit soit comme une évidence. Sinon, on fait de la décoration, dans le mauvais sens du terme.

L'évidence, c'est quoi pour vous ?
C'est quand on a l'impression que l'œuvre a toujours été là. Rien ne doit jurer. Souvent,

À gauche : Vierge à l'Enfant (bronze), église du Christ-Roi, Bienne (Suisse). À droite : vitrail, église Saint-Loup, Domloup (35).

© Sophie Chivet ; DR

je vois des autels envahis par une surabondance de performances artistiques. Il arrive aussi que l'on soit déçu par ce qu'il advient de votre travail quelques années plus tard. En effet, on restructure un chœur, on choisit les belles choses à conserver, on nettoie l'église, on réalise quelque chose de pur et puis, hélas, votre travail est dénaturé au fil du temps, chacun rajoutant des éléments qui ne sont pas en harmonie avec le reste. Il y a aussi la floraison systématique des devants d'autel et d'ambon qui distrait l'œil et détourne l'attention de l'essentiel.

Y a-t-il une certaine forme d'humilité dans l'art sacré ?

Oui certainement… Une église n'est pas le lieu pour une œuvre de contestation. L'artiste est au service de la foi qui se manifeste et il s'agit de respecter ce que l'on vous demande. Il faut transcender ce que l'on fait et ne pas en rester à l'image, à l'illustration. Et puis, il faut que le fidèle se sente bien et ne soit pas choqué. Il s'agit aussi de respecter le passé. Le catholicisme a fait tellement de merveilles et de chefs-d'œuvre dans l'art !

Votre travail a-t-il un impact sur votre foi ?

Ma foi est en dents de scie, en interrogations constantes. Mais cela ne joue pas sur mon travail. Quand je travaille pour une église, je n'ai aucun doute et je me sens bien. Je m'imprègne de la paix du lieu et s'il y a un fond sonore de chant grégorien, alors je plane littéralement.

Nous célébrons ces jours-ci la résurrection du Christ. Avez-vous déjà travaillé ce grand moment de la foi chrétienne ?

Oui, plusieurs fois. J'ai, entre autres, réalisé un chemin de croix, sous la forme d'un triptyque en verre thermoformé et grisaille. À la quatorzième station en bas, au milieu du triptyque, l'ouverture du tombeau est sombre, le Christ est veillé par les femmes dans l'obscurité. J'ai créé une quinzième station virtuelle représentant le Christ ressuscité qui part dans la lumière. C'est un dessin en creux, sans grisaille, tout en transparence, tout en lumière. Il s'agissait pour moi d'exprimer ce passage des ténèbres à la lumière dont il est question dans les récits de •••

••• Pâques. Je ne suis pas théologien, mais je lis beaucoup, la Bible, les œuvres de saint Augustin, et cela m'aide dans mes créations. Cette dernière station porte le bonheur de la foi, dans l'espérance d'une vie d'après. *(cf. photo ci-contre en bas.)*

Que ressentez-vous intérieurement quand vous avez achevé une œuvre d'art sacrée pour laquelle vous avez beaucoup travaillé ?
De la fatigue… et le bonheur d'avoir produit quelque chose de beau, qui soit porteur pour tous, accepté, reconnu dans son utilisation et qui ouvre à la foi et à la prière. Modestement, je pense être un passeur, comme tout artiste. Et j'espère proposer un écrin à quelque chose que nous portons tous en nous. Je ne prie pas beaucoup, mais mon travail est une prière en soi. Et cette prière me vient facilement. ■

Propos recueillis par Sophie de Villeneuve

◀ *Chemin de croix, église Saint-Loup, Domloup (35). On distingue la quinzième station « virtuelle » au centre.*

© Sophie Chivet ; DR

RENDEZ-VOUS DANS VOTRE JOURNAL DE BORD. P. 22

POUR ALLER PLUS LOIN

Quand je prie dans une église, est-ce que je prends le temps de regarder les vitraux, la statuaire, le mobilier liturgique ? Je peux rendre grâce pour ceux qui ont travaillé à ces œuvres.

Comment, pendant le Carême, puis-je « prier avec mes mains » ? Quel acte de création, même minime, puis-je poser ?

La « cruccetta »

Pour les Rameaux, préparons une petite croix tressée, comme les Corses.

IL FAUT

★ **Un foliole de palme ou dracaena de 40 cm environ, à dédoubler s'il est trop large. (ou un papier vert texturé).**

Origines

La semaine qui précède le dimanche des Rameaux, de nombreux Corses se réunissent pour tresser des petites croix appelées *crucette.* Réalisées à la main à partir de palmes, ces *crucette* font partie des traditions religieuses encore très présentes en Corse. Les *crucette* sont ensuite bénies le dimanche des Rameaux.

***Astuce**

Pour conserver votre foliole puis votre croix avant de l'offrir, placez la base dans un verre d'eau.

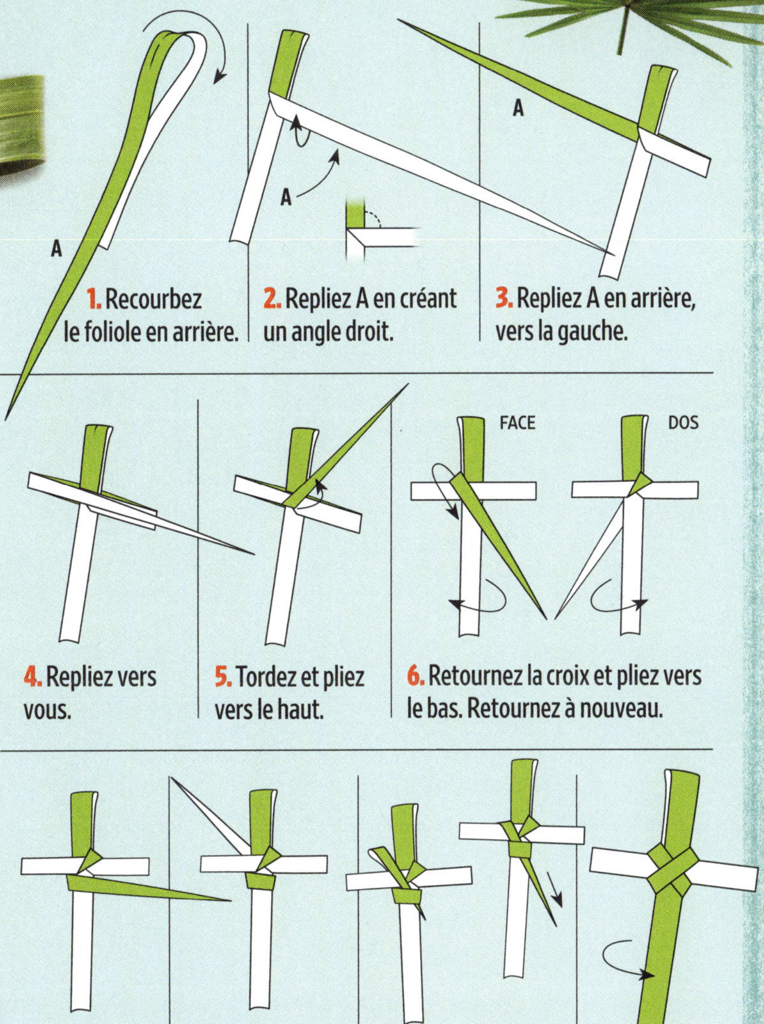

1. Recourbez le foliole en arrière.
2. Repliez A en créant un angle droit.
3. Repliez A en arrière, vers la gauche.
4. Repliez vers vous.
5. Tordez et pliez vers le haut.
6. Retournez la croix et pliez vers le bas. Retournez à nouveau.
7. Repliez sous la traverse.
8. Repliez en haut dans le dos.
9. Passez la pointe devant dans le pliage.

Retournez !

Conception et réalisation : Béatrice Basteau. Images : ©Adobe Stock

40 jours pour germer

L'œuf et la germination : deux symboles de Pâques.
Et si on les associait ?

Conception et réalisation : Béatrice Basteau. Images : ©Adobe Stock

IL FAUT

- ★ Des œufs
- ★ Des coquetiers
- ★ Des graines de plantes aromatiques ou de fleurs
- ★ Du terreau
- ★ De la peinture
- ★ Des gommettes
- ★ Un pulvérisateur

***Astuce**

Choisissez des graines à la germination courte (entre 4 et 10 jours)

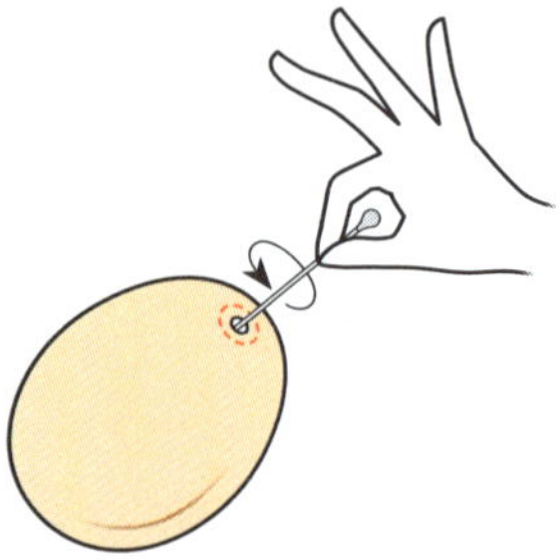

1. Avec une aiguille, faites un trou de 4 à 5 mm au sommet des œufs.

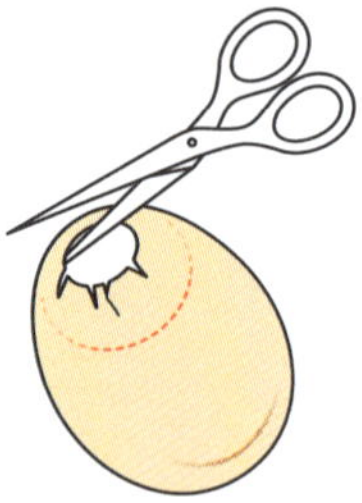

2. Agrandissez le trou supérieur avec le bout de ciseaux fins.

3. Évidez les œufs : raclez avec une cuillère et rincez l'intérieur.

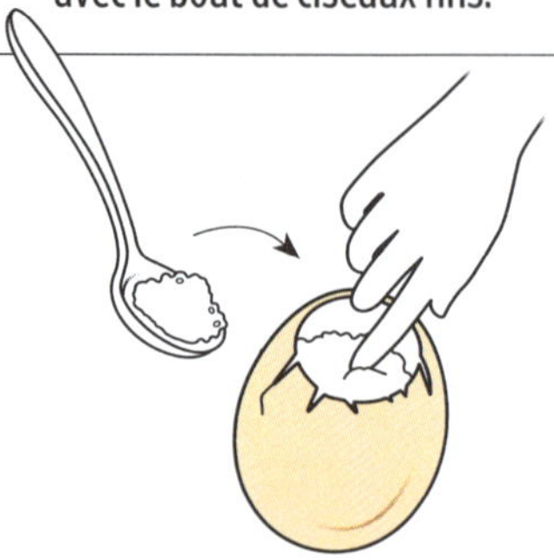

4. Insérez le terreau et tassez sans percer l'œuf.

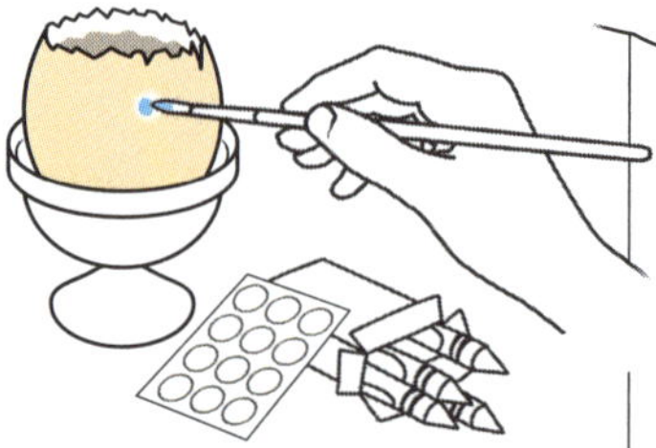

5. Créez des visages à la peinture, au pastel ou avec des gommettes.

6. À chaque œuf ses graines ! Semez et humidifiez chaque jour.

« Il se leva et s'en alla vers son père » Luc 15, 20

© Getty Images

L'Évangile du quatrième

LIRE

ÉVANGILE SELON SAINT LUC 15, 1-3.11-32

« Il se leva et s'en alla vers son père »

En ce temps-là, les publicains et les pécheurs venaient tous à Jésus pour l'écouter. Les pharisiens et les scribes récriminaient contre lui : « Cet homme fait bon accueil aux pécheurs, et il mange avec eux ! » Alors Jésus leur dit cette parabole : « Un homme avait deux fils. Le plus jeune dit à son père : "Père, donne-moi la part de fortune qui me revient." Et le père leur partagea ses biens. Peu de jours après, le plus jeune rassembla tout ce qu'il avait, et partit pour un pays lointain où il dilapida sa fortune en menant une vie de désordre. Il avait tout dépensé, quand une grande famine survint dans ce pays, et il commença à se trouver dans le besoin. Il alla s'engager auprès d'un habitant de ce pays, qui l'envoya dans ses champs garder les porcs. Il aurait bien voulu se remplir le ventre avec les gousses que mangeaient les porcs, mais personne ne lui donnait rien.

Alors il rentra en lui-même et se dit : "Combien d'ouvriers de mon père ont du pain en abondance, et moi, ici, je meurs de faim ! Je me lèverai, j'irai vers mon père, et je lui dirai : Père, j'ai péché contre le ciel et envers toi. Je ne suis plus digne d'être appelé ton fils. Traite-moi comme l'un de tes ouvriers." Il se leva et s'en alla vers son père. Comme il était encore loin, son père l'aperçut et fut saisi de compassion ; il courut se jeter à son cou et le couvrit de baisers. Le fils lui dit : "Père, j'ai péché contre le ciel et envers toi. Je ne suis plus digne d'être appelé ton fils." Mais le père dit à ses serviteurs : "Vite, apportez le plus beau vêtement pour l'habiller, mettez-lui une bague au doigt et des sandales aux pieds, allez chercher le veau gras, tuez-le, mangeons et festoyons, car mon fils que voilà était mort, et il est revenu à la vie ; il était perdu, et il est retrouvé." Et ils commencèrent à festoyer.

Or le fils aîné était aux champs. Quand il revint et fut près de la maison, il entendit la musique et les danses. Appelant un des serviteurs, il s'informa de ce qui se passait. Celui-ci répondit : "Ton frère est arrivé, et ton père a tué le veau gras, parce qu'il a retrouvé ton frère en bonne santé." Alors le fils aîné se mit en colère, et il refusait d'entrer. Son père sortit le supplier. Mais il répliqua à son père : "Il y a tant d'années que je suis à ton service sans avoir jamais transgressé tes ordres, et jamais tu ne m'as donné un chevreau pour festoyer avec mes amis. Mais, quand ton fils que voilà est revenu après avoir dévoré ton bien avec des prostituées, tu as fait tuer pour lui le veau gras !" Le père répondit : "Toi, mon enfant, tu es toujours avec moi, et tout ce qui est à moi est à toi. Il fallait festoyer et se réjouir ; car ton frère que voilà était mort, et il est revenu à la vie ; il était perdu, et il est retrouvé !" »

Le retable de Pâques

Vous pouvez ouvrir le volet du quatrième dimanche de Carême.

VOIR PAGE 8

dimanche de Carême

APPROFONDIR

L'attitude de l'héritier

Dans cette parabole bien connue, le fils n'a pas le temps de dire au père ce qu'il avait répété, que ce dernier le restitue à sa place dans la famille. L'abondance est offerte à chacun et l'héritage est illimité.

LE TEMPS DE LA PRÉPARATION

« *Car ton frère que voilà était mort, et il est revenu à la vie; il était perdu, et il est retrouvé !* » (Lc 15, 32)

LE TEMPS DE L'OBSERVATION

Quand le fils qui a quitté la maison et dilapidé l'héritage se rend compte de son erreur, il imagine les mots qu'il prononcera au moment de revoir son père comme on fait quand on se prépare à affronter un moment difficile. Le jour J, il reprend mot à mot le discours prévu. Il dit à son père qu'il a péché et qu'il n'est plus digne d'être considéré comme un fils. Le discours est similaire à celui envisagé sauf pour une phrase qu'il ne prononce pas. « Traite-moi comme l'un de tes ouvriers. » Son père lui coupe la parole avant de prononcer cette demande. Il interrompt son fils pour demander à ses serviteurs de lui redonner tous les attributs de son statut d'héritier: un beau vêtement, des sandales aux pieds, une bague au doigt et la capacité de manger à sa guise. Quoi qu'il ait fait, quelles que soient ses erreurs, le fils ne peut devenir un subordonné. À peine son regret formulé, le père lui redonne son rang et sa place dans la famille.

LE TEMPS DE LA MÉDITATION

Ce retour est courageux. Il n'est pas simple d'avoir gaspillé l'héritage, de ne pas avoir estimé à sa juste valeur tout ce qui avait été reçu. Le fils parti souffre du manque, de la privation, de la restriction qu'il expérimente. Retourner au père est le signe d'un retour à l'abondance. Ce récit familial raconte comment Dieu est présent à notre monde. L'accès au royaume de Dieu se fait en reconnaissant et en rendant grâce pour l'abondance reçue. Assumer une filiation à Dieu, c'est reconnaître qu'il est à tout moment possible de bénéficier d'une plénitude de vie qui nous est destinée. Cette attitude est une compétence. Elle peut se perdre et se regagner mais son accès est toujours accessible. C'est le moment de goûter à l'abondance offerte, à laquelle nous avons droit. Prendre conscience de tout ce qu'on a reçu et en avoir la gratitude est un chemin sûr pour redevenir un héritier légitime.

LE TEMPS DE LA PRIÈRE

« *Je cherche le Seigneur, il me répond : de toutes mes frayeurs, il me délivre. Qui regarde vers lui resplendira, sans ombre ni trouble au visage.* » (Ps 33, 5-6)

Marie-Laure Durand, bibliste

Rita

Invoquée depuis cinq siècles, sainte Rita est la patronne des causes désespérées, ayant elle-même vécu des situations apparaissant sans issue. Mariée à un homme violent, Rita de Cascia supporte avec patience ses manières rudes et, à force de douceur, le ramène à Dieu.

« *Ne m'abandonne jamais, Seigneur, mon Dieu, ne sois pas loin de moi. Viens vite à mon aide, Seigneur, mon salut !* »
Psaume 37, 22-23

LIRE DANS LE JOURNAL DE BORD P. 30

L'Esvière, Angers

Café, chantier et amitié

La communauté Fondacio organise chaque semaine le « mardi chantier » au tiers-lieu de l'Esvière, à Angers (49). Les participants, issus de milieux variés, rendent des services, participent à des ateliers, échangent et nouent des liens.

« Qui veut du café ? », propose Michel Goyallon, polaire rouge et barbe de trois jours. Ce sexagénaire accueille au tiers-lieu de l'Esvière, à Angers, toutes les personnes qui souhaitent participer au « mardi chantier ». Il est l'un des responsables de ce rendez-vous hebdomadaire. Chaque mardi, Fondacio propose une journée remplie de temps de service, de couture, de jardinage, de cuisine, ouverte à tous. Au programme : rencontres, échanges et travaux manuels communs. Une vingtaine de personnes passent la journée ensemble, venues de tous horizons : personnes réfugiées, ayant une déficience mentale, en arrêt maladie, mais aussi bénévoles de Fondacio. « On est dans la ligne de *Laudato si'*, précise Michel : chacun a sa part à jouer, mais aussi des cadeaux à recevoir. »

Il est 9 heures quand les amis du mardi chantier se retrouvent autour d'un petit-déjeuner, à la « chouette buvette ». Cette grande salle décorée par leurs soins est l'une des multiples propositions du tiers-lieu de l'Esvière, géré par la communauté Fondacio *(voir encadré page ci-contre)*. Sur la table ornée de petits bouquets, de la brioche aux pépites de chocolat, du café fumant et du thé rooibos donnent des forces aux ouvriers de la journée.

Mamadou, un habitué, arrive. Le trentenaire salue les personnes qu'il connaît. Originaire de Guinée-Conakry, il connaît Fondacio depuis dix ans et a déjà participé à plusieurs séjours avec la communauté. De l'autre côté de la table, Laurence, d'une rare élégance, discute avec ses voisins. En arrêt de travail prolongé, elle a souhaité quitter la région parisienne et venir s'installer à Angers il y a deux ans. Elle est tombée par hasard sur le site de l'Esvière. Depuis, Laurence vient tous les mardis. « La régularité fait que les gens sont en attente de ce jour-là pour se retrouver. Ainsi, ils ont un rendez-vous inscrit dans leur agenda », explique Michel.

LE TIERS-LIEU DE L'ESVIÈRE

L'Esvière est un tiers-lieu, c'est-à-dire qu'il accueille des personnes tierces, de tous horizons. À la fois lieu de vie, de ressourcement intérieur, de formation, de partage et lieu d'action, dans l'esprit de *Laudato si',* il est animé par la communauté chrétienne Fondacio. La communauté y célébrera d'ailleurs ses 50 ans, du 29 au 31 mai 2025.

Mardi matin, Michel annonce le programme de la journée aux participants. De gauche à droite : Rebecca, Ibrahima, Marie-Véronique, Sébastien et Josiane.

© Thomas Louapre

••• Il est 9 h 30, l'heure de donner les instructions pour la journée. Son café fumant à la main, Michel énumère dans le silence les chantiers du jour : atelier couture pour confectionner des galettes de chaises, déplacement de tables, Kärcher sur les dalles du jardin, pose de porte-serviettes dans les salles de bains, préparation du déjeuner, gouttières à déboucher... Dans un branle-bas de combat, tous se lèvent et rangent le petit-déjeuner. Les plus lents avalent en vitesse la fin de leur café. Chacun rejoint l'équipe de son choix.

Dans la chouette buvette, une fois le petit-déjeuner débarrassé, les machines à coudre remplacent les tasses et les assiettes sur les tables. Le bruit des couturières se fait entendre : ici, on pique, on coupe, on palpe le tissu, on essaie de glisser le fil dans le pied de biche, tout en papotant et en suivant les conseils de sœur Maria, une religieuse franciscaine résidente de l'Esvière.

« ICI, ON TOUCHE L'HUMANITÉ »

Dans le jardin, autre ambiance sonore avec le bruit du nettoyage sous haute pression des marches extérieures. Édith, fuyant du regard le Kärcher, bonnet d'hiver sur la tête et râteau à la main, ramasse et empile les feuilles pour en faire des tas. Elle vit dans l'habitat partagé de l'Esvière depuis huit ans. « Ici, on se penche sur quelqu'un sans le dominer », confie celle qui a appris avec Sébastien, le jardinier, à planter des semis et à s'occuper du potager. « Le lien est amical et gratuit : on touche l'humanité, à l'Esvière », ajoute doucement Édith, de tempérament plutôt timide. Quelques mètres plus loin, Michel et l'un de ses acolytes rangent l'immense garage.

Au four et au moulin, Michel fait le tour des ateliers et vérifie que chacun a de l'ouvrage. Il passe une tête à la buvette, se rend dans le jardin, puis au sous-sol de l'un des bâtiments avant de partir en compagnie de Mamadou à la déchetterie. Laurence donne un coup de main à sœur Marie-Véronique, une habitante de la maison, pour déplacer son atelier créatif.

À la fin de la matinée, chacun range ses outils dans la cabane située en contrebas des bâtiments. La vingtaine de participants se rend gaiement dans la salle à manger pour le déjeuner. Là, confortablement installés, les muscles s'étirent, les langues se délient. L'un parle de l'Esvière comme de sa « deuxième maison », l'autre s'esclaffe en écoutant les blagues de son voisin... Laurence parle de foi avec Sébastien. Le jardinier fête ce jour-là ses 28 ans. Pour l'occasion, la maison lui offre un deuxième dessert !

Rapidement après le déjeuner, tout le groupe descend au jardin pour vivre un moment dans la nature. Ce temps est animé par Jean-Luc, le père de Sébastien. Le sujet du jour : « Face à la nature qui change, qu'est-ce que je vois, qu'est-ce que je vis ? » Chacun prend un temps personnel. Assise dans son fauteuil, Denise étend ses bras, déplie ses jambes et respire profondément. Certains restent assis, d'autres s'accroupissent, ou se mettent debout, les yeux levés au ciel. D'autres, encore, déambulent. Après quelques minutes, les participants se livrent sur leurs ressentis. Les échanges aux allures philosophiques et spirituelles prennent une tournure personnelle. Chacun écoute l'autre en silence. Les mains dans les poches de son jean pattes d'éléphant, Laurence évoque le bruit de l'autoroute au loin. « À côté •••

© Thomas Louapre

L'atelier couture. Ci-dessus, sœur Maria

Travaux de jardinage. Ci-dessus, Édith.

En haut à gauche : Mamadou, Marie-Véronique, Ibrahima et Michel aménagent la nouvelle chapelle.
Ci-dessus à droite : Mamadou.
En bas à gauche : à la cuisine, Anny et Claire préparent le repas.

••• du tumulte de la ville, il existe des lieux ressources, des havres de paix comme l'Esvière », avance-t-elle doucement. Sœur Marie-Véronique ose une métaphore de l'automne et de la vie : « Si tu veux grandir, il faut laisser tomber », évoquant par-là les feuilles qui tombent au sol.

Après ce temps d'échange, chacun reprend ses activités. Laurence et Mamadou, sous les conseils avisés de Sébastien, empoignent des binettes pour retirer la mousse d'un sentier. Mamadou, l'habitué, a déjà le coup de main : « C'est comme ma famille ! », affirme le trentenaire. « Ici, je suis entouré et considéré. Je me sens utile. C'est important de se sentir utile : cela prouve que tu as de la valeur pour les autres, et pour toi. » Michel, à ce propos, ajoute : « Nous ne sommes pas dans un rapport de travailleur social : c'est notre avantage. Nous sommes uniquement là pour le plaisir de faire des choses ensemble. » Entre deux mardis chantier, Mamadou n'hésite pas à aller boire un verre avec Nabil, rencontré à l'Esvière et avec lequel il s'est lié d'amitié. « Je me suis bien intégré, à l'Esvière », reconnaît le Guinéen.

Tout en retirant la mousse, relevant de temps à autre sa frange, Laurence confie : « Dès le premier jour, je me suis sentie accueillie et à ma place. » D'un naturel plutôt réservé, elle poursuit : « Les choses se font dans la tranquillité, sans aucune pression. Et tu viens, si tu en as l'envie », ajoute la femme originaire d'Île-de-France. Réflexion partagée par Michel : « Au mardi chantier, on est là parce qu'on l'a choisi ». À côté, les autres jardiniers du jour bêchent en silence et laissent Laurence s'exprimer. Celle-ci s'arrête, réfléchit à ses propos. Et reprend de plus belle : « Ici, les gens nous remercient et nous encouragent beaucoup. Chaque participant, je pense, veut donner du sens à ses actions, se rendre utile, être reconnu. En venant à l'Esvière, j'ai appris à me réconcilier avec le genre humain. » ■

Anne-Quitterie Jozeau

RENDEZ-VOUS DANS VOTRE JOURNAL DE BORD. P. 28

POUR ALLER PLUS LOIN

Quelles expériences est-ce que je fais du compagnonnage avec des personnes qui ne me ressemblent pas ?

À travers ces rencontres, comment le Christ me parle-t-il ?

Comment puis-je nourrir cette dimension pendant le Carême ?

Préparatifs festifs

Pâques approche ! Il est temps de préparer les fourneaux pour des recettes savoureuses.

Le pâté de Pâques

IL VOUS FAUT :

- ★ 800 g de pâte brisée
- ★ 200 g de foies de volaille
- ★ 500 g d'échine de porc
- ★ 500 g de noix de veau
- ★ 6 aiguillettes de canards
- ★ 6 œufs : 4 durs, 1 cru, 1 jaune
- ★ 1 petit verre de cognac
- ★ 150 g de crème épaisse
- ★ 2 échalotes ★ 10 cl de lait
- ★ 1 petite brioche
- ★ De la coriandre hachée
- ★ Sel, poivre, thym, persil, muscade, cannelle

Laissez libre cours à votre imagination pour la forme et la décoration !

La farce

1. Faites cuire 4 œufs durs. Retirez la coquille et réservez. **2.** Imbibez la brioche avec le lait. **3.** Hachez les viandes. **4.** Dans un saladier, amalgamez les viandes à l'œuf cru, la crème, les échalotes et la coriandre hachées, les herbes et les épices, la brioche égouttée et émiettée, le cognac et le sel. Mélangez le tout de façon homogène. **5.** Préchauffez le four à 210° C.

L'assemblage

1. Étalez au rouleau deux rectangles identiques de pâte. **2.** Disposez au centre du premier la moitié de la farce en laissant les bords nus sur environ 3 cm de largeur. **3.** Placez sur la farce une ligne d'œufs durs entiers et les aiguillettes de chaque côté. **4.** Recouvrez avec le reste de farce. **5.** Badigeonnez d'eau les 3 cm de bord de pâte. **6.** Recouvrez du reste de pâte et pincez les bords ensemble pour coller le tout.

La décoration

1. Découpez des formes dans les chutes de pâte, et collez-les avec un peu d'eau. **2.** Pour dorer le pâté, badigeonnez-le de jaune d'œuf. **3.** Réalisez un cylindre de carton pour évacuer la vapeur de cuisson, comme une cheminée, et enfoncez-la dans le centre du pâté. **5.** Enfournez 1 h 15 environ, à 180° C (diminuez à la fin si nécessaire pour obtenir une belle dorure).

Chasses aux œufs !

Voici des idées originales pour renouveler la traditionnelle chasse aux œufs du dimanche de Pâques.

Les yeux fermés

1. Les enfants sont en équipe de deux.
2. Un a les yeux bandés, l'autre sera son guide.
3. Celui qui voit guide son coéquipier uniquement avec la voix afin de trouver les œufs cachés.
4. Un enfant peut aussi guider son parent.

Chacun sa couleur

1. Pour tous les âges. Chaque enfant a une couleur d'œuf à trouver et ne peut donc pas toucher aux œufs d'une autre couleur.
2. On peut faire tirer au sort la couleur à trouver ou encore associer une couleur au niveau de difficulté de la cachette en fonction de l'âge des enfants. De cette manière, les plus petits auront aussi leur chance !

Le défi

1. Chaque adulte est responsable d'une couleur.
2. Dès que l'enfant trouve un œuf de couleur, il doit aller voir l'adulte référent et celui-ci lui donne un défi à réaliser.
3. Si c'est réussi, l'enfant peut recevoir sa surprise ou son chocolat !

Réalisez vous-mêmes les œufs en suivant ces deux recettes.

Mini-œufs en massepain

- 225 g de poudre d'amande
- 200 g de sucre glace
- 1 blanc d'œuf
- 1 c. à café d'extrait d'amande
- 30 ml de fleur d'oranger
- Des colorants

1. Pétrissez ensemble la poudre d'amande, le sucre glace et le blanc d'œuf pour avoir une pâte homogène. **2.** Parfumez de quelques gouttes d'extrait d'amande. **3.** Incorporez quelques gouttes de colorant et pétrissez à nouveau. **4.** Formez un boudin. **5.** Laissez reposer 3 heures au frais. **6.** Formez des œufs avec les doigts.

Œufs en chocolat à la cuillère

IL VOUS FAUT :

- 16 cuillères à café bien creuses
- 200 g de chocolat pâtissier
- 30 g de graines de sésame
- 30 g de pistaches concassées
- 1 tube de bonbons chocolatés
- De la noix de coco en poudre

1. Faites fondre au bain-marie le chocolat cassé en carrés.

2. Disposez vos cuillères alignées bien à plat Aidez-vous d'un tube d'essuie-tout.

3. Versez doucement le chocolat à ras de la cuillère.

4. Garnissez selon vos goûts.

5. Placez au frais pendant 30 min.

6. Puis 30 min. à température ambiante avant de déloger les moulages avec la pointe d'un couteau fin.

Astuce

Vous pouvez obtenir un œuf entier, en collant deux moitiés avec un peu de chocolat fondu.

Conception et réalisation : Béatrice Basteau. Images : ©Adobe Stock

Lire, écouter, voir...

« Prions en Église » a sélectionné pour vous ces livres, DVD et podcast comme compagnons de chemin vers Pâques.

Livres

S'accomplir pleinement
Tanguy-Marie Pouliquen
Mame, 250 p.
Le prêtre Tanguy-Marie Pouliquen, de la communauté des Béatitudes, offre un manuel de développement personnel catholique, à la lumière des huit Béatitudes et des écrits du pape François. De manière pédagogique et colorée, ce manuel offre de nombreuses pistes de réflexion, des questionnements, des schémas ainsi que des citations de contemporains et de saints divers et variés à méditer.

La Sainte Tunique d'Argenteuil
Jean-Christian Petitfils
Tallandier, 175 p.
Du 18 avril au 11 mai, la Sainte Tunique peut être vénérée à la basilique Saint-Denys d'Argenteuil. Un événement qui revient tous les 50 ans. L'occasion pour l'historien Jean-Christian Petitfils de retracer l'histoire de cette tunique ayant été portée par le Christ lors de sa Passion. Il énumère les différentes analyses de la tunique, de 1892 jusqu'à nos jours, en particulier celles du sang, de l'ADN ou encore l'étude du linge au carbone 14.

DVD

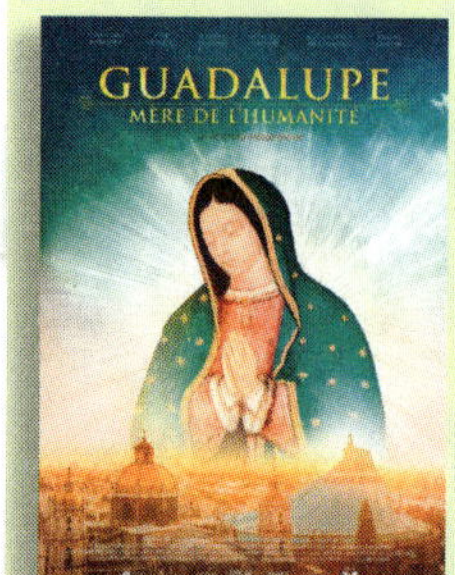

Guadalupe
Mère de l'humanité
Andrés Garrigó,
Pablo Moreno
Saje, 1 h 40
Ce film documentaire, mêlant histoire romancée et interviews avec des spécialistes, des miraculés et des convertis, retrace l'histoire de Notre Dame de Guadalupe apparue au XVIe siècle à Juan Diego Cuauhtlatoatzin, un indigène mexicain. Bien que la succession des allers-retours entre le XVIe siècle et aujourd'hui apporte une certaine confusion, le film illustre bien la dévotion à Notre Dame de Guadalupe.

Podcast

Prie-Dieu
avec François
Cassingena-Trévedy
Application « Prions en Église »
À partir du 3 mars et chaque semaine de Carême, une conversation spirituelle entre le père Sylvain Gasser et le frère François Cassingena-Trévedy est diffusée dans l'application et le site de *Prions en Église*. Le prêtre assomptionniste et le moine ermite du Cantal échangent pendant huit fois quinze minutes autour de la parole de Dieu du dimanche de Carême. Un témoignage de la parole de Dieu comme nourriture vivante.

Textes: A.-Q. Jozeau.

« Et toi, que dis-tu ? »

Jean 8, 5

L'Évangile du cinquième dimanche de Carême

LIRE

ÉVANGILE SELON SAINT JEAN 8, 1-11

« Et toi, que dis-tu? »

En ce temps-là, Jésus s'en alla au mont des Oliviers. Dès l'aurore, il retourna au Temple. Comme tout le peuple venait à lui, il s'assit et se mit à enseigner. Les scribes et les pharisiens lui amènent une femme qu'on avait surprise en situation d'adultère. Ils la mettent au milieu, et disent à Jésus: « Maître, cette femme a été surprise en flagrant délit d'adultère. Or, dans la Loi, Moïse nous a ordonné de lapider ces femmes-là. Et toi, que dis-tu? » Ils parlaient ainsi pour le mettre à l'épreuve, afin de pouvoir l'accuser. Mais Jésus s'était baissé et, du doigt, il écrivait sur la terre. Comme on persistait à l'interroger, il se redressa et leur dit: « Celui d'entre vous qui est sans péché, qu'il soit le premier à lui jeter une pierre. » Il se baissa de nouveau et il écrivait sur la terre. Eux, après avoir entendu cela, s'en allaient un par un, en commençant par les plus âgés. Jésus resta seul avec la femme toujours là au milieu. Il se redressa et lui demanda: « Femme, où sont-ils donc? Personne ne t'a condamnée? » Elle répondit: « Personne, Seigneur. » Et Jésus lui dit: « Moi non plus, je ne te condamne pas. Va, et désormais ne pèche plus. »

Le retable de Pâques

Vous pouvez ouvrir le volet du cinquième dimanche de Carême.

APPROFONDIR

« Va ! »

Le Christ nous veut debout, libres du passé qui enchaîne. Mais cette libération ne peut se faire sans nous, sans notre accueil de l'avenir qu'il nous ouvre, sans la conscience que ce don appelle notre réponse.

LE TEMPS DE LA PRÉPARATION

« *Qui sème dans les larmes moissonne dans la joie.* » (Ps 125, 5)

LE TEMPS DE L'OBSERVATION

La femme anonyme de l'évangile de ce cinquième dimanche de Carême nous renvoie à plus qu'elle-même. Fréquemment, l'Ancien Testament parle en termes d'adultère des infidélités du peuple de Dieu à l'Alliance et de sa propension à rendre un culte aux idoles. Le livre d'Osée est emblématique à cet égard. Donc rien d'étonnant à ce que personne ne condamne la femme prise « en flagrant délit », puisque tout le monde est plus ou moins concerné par les dieux d'emprunt censés répondre aux problèmes immédiats – des dieux plus accessibles que celui qui se révèle comme « Je-suis » ou « Je-serai-qui-je-serai » (cf. Ex 3, 14). « Va, désormais, ne pèche plus » : autant dire, ne « loupe plus ta cible » ; ajuste-toi au projet de Dieu sur toi. Jésus ouvre un avenir à cette femme, enfermée et réduite à l'acte commis par ses censeurs. La transgression est bien là, Jésus la prend en compte mais ne confond pas la femme avec ce qu'elle a fait, sans compter qu'elle n'a pas agi seule.

LE TEMPS DE LA MÉDITATION

Ces versets, qui mettent en scène un conflit d'interprétation silencieux, nous invitent à réfléchir et à méditer sur notre relation à la Parole. De fait, il est une interprétation stricte, moralisatrice ou une interprétation qui édifie et ouvre un avenir. La première, celle des accusateurs de la femme – qui peut être aussi la nôtre en Église –, est récusée par Jésus qui veut pour nous la vie en abondance (cf. Jn 10, 10). La Torah, dont la racine hébraïque a quelque chose à voir avec le fait de jeter de l'eau pour abreuver la terre et la rendre féconde, ne peut être utilisée de façon perverse pour générer la mort. Certes, elle donne des repères, renvoyant chacun à lui-même pour l'aider à répondre avec plus de justesse au dessein de Dieu. Mais la différence est grande entre reconnaître son péché, et la culpabilité mortifère qui paralyse et empêche d'avancer. L'Écriture ne nous révèle-t-elle pas que Dieu veut nous ouvrir un avenir de réconciliation, de joie et de paix ?

LE TEMPS DE LA PRIÈRE

« *Bénis le Seigneur, ô mon âme […] car il pardonne toutes tes offenses* » (Ps 102, 1.3)

Emmanuelle Billoteau, ermite

Christophe

Invoqué pour voyager en toute sécurité depuis le IIIe siècle, saint Christophe est un martyr dont la légende s'est forgée à partir de son nom grec qui signifie : « Celui qui porte le Christ ».

“

« Enseigne-moi ton chemin, Seigneur, conduis-moi par des routes sûres, malgré ceux qui me guettent. »
Psaume 26, 11

P.36

LIRE DANS LE JOURNAL DE BORD P. 36

Les Guetteurs « Dire au monde la folie de l'amour reçu »

Les Guetteurs est l'un des seuls groupes de la planète reggae à proposer sa foi chrétienne. Ces sept musiciens réconcilient rythmique, quête spirituelle et transmission de la foi.

Tempête
Les Guetteurs
ADF Musique
octobre 2024

Comment le groupe est-il né ?

Fratoun: Tout a commencé il y a 2000 ans, si j'ose dire *(sourire)*... avec la naissance de Jésus ! Pour Les Guetteurs, tout part de la prise de conscience d'une mission. Depuis nos débuts, en 2007, notre désir profond, notre feuille de route est de servir le Christ par notre musique. Comme nous le confions souvent au public, il s'agit « de guetter son visage à chaque rencontre, à chaque concert ». Cette conviction, partagée par la majorité d'entre nous, n'a fait que se confirmer au fil des années. Sacrée mission, quand on y songe, y compris lorsque les tempêtes traversent nos vies ! Et voilà, nous avons sorti douze nouvelles chansons dans l'album « Tempête », notre quatrième en dix ans.

Cette mission s'est-elle inscrite tôt dans vos parcours de vie ?

Fratoun: À la création des Guetteurs, j'étais déjà dans le cœur de Dieu. Né dans une famille de dix enfants (je suis le benjamin), j'y ai grandi avec le goût du beau et de la foi chrétienne. Mon père est restaurateur d'œuvres d'art et ma mère est artiste. Mon surnom « Fratoun » vient de l'enfance : « Fra » pour François-Joseph, mon prénom, et « Toun » en raison de ma taille à l'époque. À l'âge de 12 ans, j'ai vécu une expérience fondatrice au sein d'un groupe de prière charismatique, à la paroisse Sainte-Cécile à Boulogne-Billancourt, en région parisienne : celle de la présence du Seigneur. J'ai alors ressenti l'envie d'en parler, de le crier

Le groupe de reggae Les Guetteurs, avec, de gauche à droite debout : Claude Msaba, Guilhem Vincent, Matthieu Baud, Vincent Rodriguez-Patiño « Vinz », Ludwig Nestor. Et de gauche à droite devant : François-Joseph Ambroselli « Fratoun », Damien Hoppe.

au monde. J'ai proposé à l'un de mes frères de fonder un groupe de musique pour en témoigner. Depuis, cette envie ne m'a jamais quitté, car je suis sûr que Dieu nous aime et qu'il attend que nous ouvrions la porte. Être guetteur, c'est être attentif à développer sa relation au Seigneur.

Faisiez-vous de la musique depuis longtemps ?

Fratoun: J'avais reçu ma première guitare peu de temps auparavant et je débutais tout juste en jouant quelques accords, de quoi esquisser des chansons. J'ai toujours aimé écrire. La première chanson aux accents bibliques était dédiée à *Adonaï* puis ont suivi *Maria* et *Guetteur*. Je puise mon inspiration dans les Écritures. À l'été 2007, je me suis produit sur une scène amateur à l'occasion d'une soirée organisée par la compagnie secouriste Sainte-Barbe. Avec succès. Ce qui nous a stimulés, mon frère et moi, pour nous lancer plus sérieusement. Au bout d'une année de répétitions (souvent dans la cave de la maison familiale), nous avons mis en ligne une vidéo qui a été remarquée par l'organisateur du festival de Pâques qui se tenait à Chartres. Ce dernier nous a invités en 2009 dans le cadre du festival *off*. Mark Mohr, le leader du groupe de reggae américain Christafari, m'a alors convié dans le *in* officiel, et c'était le début de notre histoire avec le groupe et avec le reggae. Sur le chemin de cette musique chrétienne •••

••• nous avons été marqués par le zèle et l'énergie du groupe de reggae Spear Hit, actif de 1999 à 2008. Nous avons eu la joie de pouvoir enregistrer sur notre quatrième album une de leurs chansons jamais enregistrée, *On est*. J'ai composé un couplet dessus et invité Fratcha (Mathieu Musquet) du groupe Spear Hit à chanter avec nous. J'ai appris le reggae en l'écoutant encore et encore. À l'image du titre *Thank you Lord* de Bob Marley que j'ai écouté en boucle. Elle dit : « Merci, Seigneur, pour ce que tu as fait pour moi, ouais merci, Seigneur, pour ce que tu fais maintenant. Merci, Seigneur, pour chaque petite chose, ouais, ouais ! »

Et vous, Vinz et Guilhem, comment avez-vous rejoint Les Guetteurs ?

Vinz : Fratoun m'a raconté que, lors d'une halte à Lourdes en rentrant des Journées mondiales de la jeunesse (JMJ) de Madrid, il avait demandé à Marie un batteur et un bassiste. Marie l'a entendu ! Moi, en tant que batteur, et Matthieu, le bassiste influencé par le jazz, l'avons rejoint. Je viens principalement du rock. J'ai joué dans de nombreux groupes avant d'être membre des Guetteurs. C'est Damien, notre ingénieur du son, qui m'a mis sur la voie. J'ai découvert le groupe lors d'un festival à Montmartre. J'ai tout de suite été saisi par ce moment fort, au service de la louange et de la musique chrétienne. J'ai grandi au sein d'une famille catholique à Versailles. La foi, transmise tout en douceur par ma mère, allait de soi. C'était donc comme une évidence. Le Seigneur me trouvait un travail ! J'ai découvert bien plus tard que l'un de mes grands-parents était pasteur.

Guilhem : Depuis toujours, je suis fasciné par les claviers. J'ai entendu parler des Guetteurs en 2007. J'étais alors soucieux de progresser musicalement mais aussi de témoigner de ma foi. J'ai envoyé un courriel à Fratoun, qui m'a répondu six mois plus tard ! J'ai intégré le groupe en avril 2010. J'ai peu à peu pris goût au reggae, une musique qui associe une mystique et une grande concentration. Les silences y sont aussi importants que les rythmes. Un jeune catholique de la banlieue ouest parisienne, formé par le scoutisme, qui a eu un engagement humanitaire et qui s'inscrit dans le reggae, cela peut surprendre beaucoup, mais pas moi. Je retrouve dans cette musique l'expérience de la libération de l'esclavage et un chemin universel vers la lumière. J'ai découvert au fur et à mesure le sens de mon engagement. J'aime citer ces mots de Jean-Sébastien Bach qui a écrit : « Le but de la musique devrait n'être que la gloire de Dieu et le délassement des âmes. Si l'on ne tient pas compte de cela, il ne s'agit plus de musique mais de nasillements et beuglements diaboliques. »

QUELQUES DATES

2008
Premier concert.

2014
Premier album « Guerriers pacifiques ».

2016
Deuxième album « Tatoué ». Nomination aux Victoires du reggae.

2021
« Soleil noir », projet associant reggae et musiques électro.

2023
Troisième album « Roi ».

2024
Quatrième album « Tempête ».

En haut, de gauche à droite : Claude Msaba, chœur ; Matthieu Baud, basse ; Vinz, percussions ; Guilhem Vincent, claviers et mélodica ; Ludwig Nestor, guitare. Ci-contre : Fratoun, paroles et musiques, guitare.

Transmettre le Christ à partir du reggae, c'est donc votre mission. Tous les publics adhèrent-ils à ce choix ?

Fratoun : Nous semons des graines dans les albums et les concerts. Les fruits en sont souvent invisibles à nos yeux. Même si nous recevons des messages après les concerts ou la parution des albums nous confortant dans notre style, ces fruits ne nous appartiennent pas. En revanche, nous sommes ancrés dans la prière. Nous considérons que nous faisons juste ce que tout chrétien est appelé à faire à partir de ses talents : « Allez, et faites des disciples. » La musique est un moyen de faire connaître le Seigneur. J'irais plus loin : je considère parfois la scène comme un Golgotha, un lieu de souffrance et de rédemption, pour redire au monde la folie de cet amour reçu. Cette grâce nous l'expérimentons dans tous nos concerts. Il nous faut à notre tour la transmettre. Et cela fonctionne.

•••

••• **Guilhem :** Il est vrai qu'il y a des moments de grâce palpables. Spécialement lorsque l'artiste se livre sur scène au-delà de la seule performance artistique. Je me souviens d'un concert, lors des JMJ au Portugal, où Fratoun a improvisé devant la foule des paroles inspirées par le moment, à partir de la chanson *Là-Haut.* Tout à coup, lui, la vedette du moment a parlé de son abaissement. Il a improvisé alors un texte qui a été depuis enregistré dans notre récent album : « Si vous saviez comme je ne suis rien. Ce que j'ai, je l'ai reçu de ses mains. Si vous saviez, oh rien de rien. Un peu de poussière, un peu de brume, un petit grain. » Nous étions dans le cœur de notre mission : transmettre la parole de Dieu. Ce chant *Là-haut* veut transmettre un message de vie : les souffrances et les épreuves dans cette vie ne sont rien en comparaison des promesses du ciel.

Vinz : Nous sommes sur un chemin permanent de conversion, alors que nous jouons devant des publics très différents. Nous ne changeons pas les paroles des chansons en fonction des publics. Le public n'a jamais de réactions hostiles. Il est fort de constater que toutes les sensibilités interrogent notre foi. C'est génial de toucher ainsi une telle variété d'expériences et de sensibilités. La vraie star, c'est le Christ, pas celui qui est sur le devant de la scène.

« Tempête », le quatrième album est une nouvelle étape de ce souci de transmission, de passage. Comment cela s'est-il traduit dans l'enregistrement ?

Fratoun : L'album est le fruit d'une lente maturation, depuis les premières notes en 2018, bien avant l'expérience du Covid et des confinements. Depuis, chaque musicien a apporté sa touche et enrichi l'ensemble. Nous avons élargi notre champ de vision et ouvert un nouvel horizon musical. Je pense à de belles rencontres artistiques comme celle du guitariste flamenco Pablo Dominguez, originaire d'Andalousie, ou de la chanteuse lyrique Violaine Colin. Ou encore le titre composé avec le groupe Hopen. C'est un album qui s'écoute comme on écoute un secret, le secret de la vie en Dieu. Parfois sur le ton du murmure. Un murmure amplifié. C'est aussi un album fait à l'ancienne. Comme on voit crépiter un feu de bois.

Et pour la suite ?

Fratoun : J'ai quelques idées. J'ai 30 ans et je me confie à la providence. ■

Propos recueillis par Robert Migliorini

P. 34 RENDEZ-VOUS DANS VOTRE JOURNAL DE BORD.

POUR ALLER PLUS LOIN

Quelles sont les formes d'art (musique, mais aussi photo, peinture...) qui sont pour moi des portes vers Dieu ?

Comment est-ce que je favorise cette dimension pendant le Carême ?

L'encyclique *Dilexit nos* en 6 points

« Il nous a aimés »

Cette année, le sanctuaire de Paray-le-Monial (71) célèbre le 350e anniversaire des apparitions de Jésus à sainte Marguerite-Marie Alacoque. À cette occasion, le pape François a publié l'encyclique *Dilexit nos* (Il nous a aimés). Nous vous proposons une lecture en six points.

Basilique de Paray-le-Monial, lieu où Jésus apparut à sainte Marguerite-Marie, au XVIIe siècle, lui révélant son Sacré-Cœur.

Marguerite-Marie Alacoque. © AdobeStock

Dilexit nos*, pas à pas...

1. Revenir au cœur

« Dans ce monde liquide, il est nécessaire de parler à nouveau du cœur, d'indiquer le lieu où toute personne, quelles que soient sa catégorie et sa condition, fait sa synthèse ; là où l'être concret trouve la source et la racine de toutes ses autres forces, convictions, passions et choix. » (§9)

Dieu a voulu révéler son amour aux hommes de manière tangible avec la venue de Jésus en notre monde. Dans un cœur-à-cœur avec Dieu, chacun peut percevoir la perfection de cet amour divin, pleinement accessible dans l'humanité du Christ.

▶ *« Revenez à moi de tout votre cœur. » Tous les mercredis du Carême, nous pouvons nous engager à méditer ce court verset issu du livre de Joël que nous lisons à la messe du mercredi des Cendres.*

2. Le feu

« Saint Bonaventure disait qu'en fin de compte, on doit demander "non pas la lumière mais le feu". Et il enseignait que "la foi est dans l'intellect de manière à provoquer le sentiment." » (§ 26)

Pour le pape François, le salut chrétien repose d'abord sur l'amour plutôt que sur la seule intelligence. Selon lui, le cœur est le lieu d'union entre l'âme et le corps. Inspiré par le Sacré-Cœur de Jésus, François appelle à une foi qui engage tout l'être.

▶ *Ma prière est-elle plutôt « cérébrale », avec des formules ou à partir de lectures bibliques ? Ce Carême, je peux sortir de mes habitudes en explorant de nouvelles formes de prière : silence, chant, liturgie des Heures, pèlerinages, chapelet...*

Il nous a aimés – Dilexit nos
Lettre encyclique sur l'amour humain et divin du Cœur de Jésus Christ
Pape François
Bayard, Cerf, Mame | octobre 2024

3. Un amour sensible

« Le Fils éternel de Dieu, qui me transcende infiniment, a aussi voulu m'aimer avec un cœur humain. Ses sentiments humains deviennent le sacrement d'un amour infini et définitif. » (§ 60)

La manière d'aimer de Jésus que figure son cœur permet au croyant de découvrir un chemin de vie où l'amour se manifeste en acte et en parole, et l'invite ainsi à engager toute une vie par une attitude de compassion et de douceur.

▶ *« Comment aurait agi Jésus ? » Toujours avec douceur. Je m'engage à agir ainsi, en cherchant à faire preuve de bienveillance dans toutes les situations, sans me laisser submerger par la colère, la peur ou le désespoir.*

4. Trésor des cœurs

« La dévotion au Cœur du Christ réapparaît dans l'itinéraire spirituel de nombreux saints très différents les uns des autres, et cette dévotion revêt chez chacun d'eux des aspects nouveaux. » (§ 148)

François développe sa pensée en s'appuyant sur la parole de Dieu et sur la tradition spirituelle. Il met en valeur l'école française de spiritualité, en évoquant des figures comme Marguerite-Marie Alacoque, soulignant la richesse de cet héritage toujours vivant dans l'Église. Avec les saints et à leur suite, on comprend que la sainteté s'enracine et s'annonce d'abord dans l'amour !

▶ *En ce Carême, je médite tous les jours le texte de méditation proposé dans l'office des lectures (disponible sur le site de* Prions en Église*). Je peux découvrir ou redécouvrir ce trésor de la sagesse chrétienne et de la pensée des grands saints qui ont marqué l'histoire de l'Église.*

5. La componction

« Le désir nécessaire de consoler le Christ, qui naît de la souffrance en contemplant ce qu'il a enduré pour nous, se nourrit aussi de la reconnaissance sincère de nos servitudes, de nos attachements, de nos manques de joie dans la foi, [...] de la non-correspondance de nos cœurs à son amour et à son projet. » (§ 158)

La componction est un mouvement du cœur pour consoler le Seigneur. Plutôt que de conduire à la morosité, elle ouvre à une transformation de la personne et permet une rencontre authentique avec l'amour de Dieu, simple et portée par le pardon.

▶ *Comme à chaque Carême, je me prépare à recevoir le sacrement de réconciliation. Je m'engage à le faire sans me laisser freiner par mes craintes, mes peurs ou les excuses que je me donne parfois pour le repousser. Je lis le dossier page 28 pour m'y préparer.*

6. Cœur solidaire

« Je prie le Seigneur Jésus Christ que jaillissent pour nous tous de son saint Cœur ces fleuves d'eau vive [...] qui nous poussent à apprendre à marcher ensemble vers un monde juste, solidaire et fraternel. » (§ 220)

L'amour du Christ est la réponse aux défis de notre temps. En nous nourrissant de cet amour, nous pouvons devenir des artisans de paix et de justice, et contribuer à la construction d'un monde meilleur.

▶ *Si je suis engagé dans une œuvre caritative, je m'engage à donner de mon temps avec générosité, sans oublier de dire au nom de « qui » je m'engage ainsi. Ainsi, ma solidarité auprès des plus pauvres deviendra un témoignage de foi.*

Texte : Sébastien Antoni

Un chant qui évoque l'action de chanter : c'est la joie contagieuse de Pâques qui s'exprime !

Pour écouter ce chant, rendez-vous page 2.

J'ai vu l'eau vive

« Béni soit celui qui vient au nom du Seigneur » Luc 19, 38

L'Évangile des Rameaux

LIRE

ÉVANGILE SELON SAINT LUC 19, 28-40

« Béni soit celui qui vient au nom du Seigneur »

En ce temps-là, Jésus partit en avant pour monter à Jérusalem. Lorsqu'il approcha de Bethphagé et de Béthanie, près de l'endroit appelé mont des Oliviers, il envoya deux de ses disciples, en disant : « Allez à ce village d'en face. À l'entrée, vous trouverez un petit âne attaché, sur lequel personne ne s'est encore assis. Détachez-le et amenez-le. Si l'on vous demande : "Pourquoi le détachez-vous ?" vous répondrez : "Parce que le Seigneur en a besoin." » Les envoyés partirent et trouvèrent tout comme Jésus leur avait dit. Alors qu'ils détachaient le petit âne, ses maîtres leur demandèrent : « Pourquoi détachez-vous l'âne ? » Ils répondirent : « Parce que le Seigneur en a besoin. » Ils amenèrent l'âne auprès de Jésus, jetèrent leurs manteaux dessus, et y firent monter Jésus. À mesure que Jésus avançait, les gens étendaient leurs manteaux sur le chemin. Alors que déjà Jésus approchait de la descente du mont des Oliviers, toute la foule des disciples, remplie de joie, se mit à louer Dieu à pleine voix pour tous les miracles qu'ils avaient vus, et ils disaient : « Béni soit celui qui vient, le Roi, au nom du Seigneur. Paix dans le ciel et gloire au plus haut des cieux ! » Quelques pharisiens, qui se trouvaient dans la foule, dirent à Jésus : « Maître, réprimande tes disciples ! » Mais il prit la parole en disant : « Je vous le dis : si eux se taisent, les pierres crieront. »

VOIR PAGE 8

Le retable de Pâques

Vous pouvez ouvrir le volet du dimanche des Rameaux.

APPROFONDIR

Le royaume de Jésus

La fête des Rameaux ouvre à une compréhension élargie et nouvelle de qui a été Jésus. Toute la Création participe à cette entrée triomphale à Jérusalem.

LE TEMPS DE LA PRÉPARATION

« *J'ai mis dans ta bouche mes paroles,*
je t'ai couvert de l'ombre de ma main,
quand je plantais les cieux et fondais
la terre, quand j'ai dit à Sion :
"Tu es mon peuple." » (Is 51, 16)

LE TEMPS DE L'OBSERVATION

C'est un drôle de roi qui arrive à Jérusalem. La foule pourrait-elle s'être trompée dans son choix ? Jésus rentre en ville, assis sur un âne, entouré de personnes qui montrent leur joie de façon libre et désordonnée. Ce chahut est non seulement un moment de fête mais également un temps de reconnaissance pour tout ce que Jésus a déjà accompli. La foule ne s'y trompe pas. Ce Jésus, qu'elle nomme roi, est venu au nom du Seigneur, celui qui est le Créateur de l'univers. La joie de ces personnes est autre chose qu'un événement social ou qu'une revendication politique. En participant à cet événement et en acclamant Jésus, elles reconnaissent en lui quelque chose de plus vaste, une cohérence de vie qui dépasse les clivages et les époques. Même les ânes et les pierres font partie de la fête et témoignent de la présence de Dieu dans cet homme. C'est la Création tout entière qui participe à l'entrée de Jésus à Jérusalem.

LE TEMPS DE LA MÉDITATION

L'entrée de Jésus à Jérusalem a quelque chose de cosmique, un moment où les planètes s'alignent pour donner à voir la cohérence dont il est porteur. Humains, animaux et végétaux participent à la reconnaissance de cet homme. Il n'y a peut-être pas de signe plus fort que cette unité joyeuse qui rend hommage à ce qu'est la vie en profondeur. Jésus est roi mais, comme il le dit lui-même à Pilate, sa royauté n'est pas de ce monde. La sienne permet une harmonie qui dépasse les clivages, les différences de statut et d'espèces entre les êtres vivants dans toutes leurs formes. Jésus est roi et son royaume est vaste. Avant que le pouvoir religieux et politique s'allient pour le faire taire, son entrée dans la ville sainte est une porte ouverte sur l'ampleur de ce que Jésus a accompli discrètement. Les rameaux bénits et ramenés à la maison peuvent aider chacun à se rappeler que toute la Création est concernée par l'Évangile.

LE TEMPS DE LA PRIÈRE

« *Chaque matin, il éveille, il éveille*
mon oreille pour qu'en disciple, j'écoute.
Le Seigneur mon Dieu m'a ouvert l'oreille,
et moi, je ne me suis pas révolté,
je ne me suis pas dérobé. » (Is 50, 4b-5)

Marie-Laure Durand, bibliste

Laurent

Saint Laurent est l'un des plus célèbres martyrs de Rome du IIIe siècle. Brûlé vif, il est invoqué pour guérir les brûlures, les maladies de peau et l'eczéma.

« *Le feu matériel brûlait le corps du bienheureux Laurent, mais l'amour intérieur du Sauveur dont son cœur était enflammé adoucissait l'ardeur extérieure.* »
Saint Augustin

LIRE DANS LE JOURNAL DE BORD P. 42

Maître & disciples

Les représentations de la Cène et du lavement des pieds, rassemblées sur cette image, s'éclairent mutuellement et nous aident à entrer dans le mystère du Jeudi saint.

Cène et lavement des pieds. Codex, 1085. Bibliothèque universitaire, Prague, République tchèque.

C'est le dernier repas. Derrière la longue table, Jésus occupe la place centrale au milieu de ses apôtres. Représenté à une plus petite échelle, Jean, le disciple « que Jésus aimait » (Jn 13, 23) se tient contre son cœur et représente le disciple idéal que chacun est appelé à devenir. De l'autre côté de la table, Judas est son pendant négatif. Il porte une tenue plus vulgaire, il mange avec voracité et l'esprit du mal, sous la forme d'un oiseau rouge sombre, prend possession de lui (cf. Jn 13, 27). Sur la table, où ne figurent que quelques coupes et deux couteaux, on peut s'étonner de ne pas voir du pain. Il est remplacé par des poissons qui rappellent ceux de la multiplication des pains (Jn 6, 1-16) et qui symbolisent le Christ lui-même : le mot poisson en grec *(ichthus)* correspondant aux premières lettres de la formule de foi : « Jésus Christ, Fils de Dieu Sauveur. » Car c'est Jésus qui se donne en nourriture, c'est lui qui « sanctifie le pain qui nourrit le monde » comme l'évoque la formule latine au-dessus de l'image. Mais le Christ montre aussi le chemin à prendre pour devenir son disciple. Ayant quitté la place d'honneur au centre de la table, il se met à genoux devant ses apôtres pour leur laver les pieds. La cuve rouge dont il se sert évoque le baptême et les apôtres regroupés derrière Pierre symbolisent l'Église que conduit son successeur. Mais rien d'honorifique dans tout cela, les disciples sont appelés à imiter leur Maître : « Si donc moi, [...] je vous ai lavé les pieds, vous aussi, vous devez vous laver les pieds les uns aux autres » (Jn 13, 14). Dans un premier temps, Pierre s'offusque : l'abaissement de Jésus est difficilement concevable, il ne peut encore comprendre. Jésus l'invite à se laisser guider et à plonger dans la confiance : « Si je ne te lave pas, tu n'auras pas de part avec moi » (Jn 13, 8). Une parole qui est encore pour nous aujourd'hui. ■

Dominique Pierre

PANEM SCIFICAT XPC QVO SECVLA PASCAT
ABLVIT EXTERIVS SORDES QVI COR LAVAT INTVS

La Passion vue par Carlo Acutis

En ce Vendredi de la Passion, méditons les textes d'un futur saint, Carlo Acutis. Ses parents, Antonia Salzano et Andrea Acutis, relatent comment la sainteté était une réalité concrète pour leur fils. Ils nous livrent ses réflexions sur la Passion du Christ et le sens de la mort, d'une maturité spirituelle étonnante pour son âge.

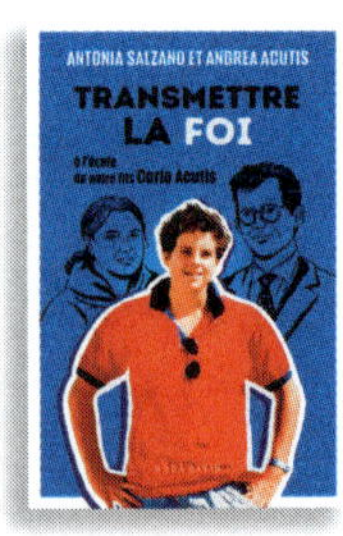

EXTRAITS DE :
Transmettre la foi *à l'école de notre fils Carlo Acutis*
Antonia Salzano et Andrea Acutis
Éd. Salvator

LA PASSION DU CHRIST

« Quand l'existence est attaquée par la maladie ou quand a été prononcée pour nous la sentence définitive de mort, il faut nous conformer de bonne grâce à la volonté divine. C'est d'ailleurs un excellent exercice que de nous unir intimement à la Passion et à la mort du Seigneur. Paul disait qu'il accomplissait en lui ce qui manquait à la Passion du Christ : cela signifie que le corps mystique continue à monter sur le calvaire, et qu'il est ici ou là soumis à des tourments, des persécutions, des combats. Comme la Création, la Passion elle aussi continue. Jusqu'à la fin du monde, de ce monde. Le fait de nous unir se répercute sur le peuple de Dieu tout entier, qui en tire avantage. C'est comme cela que s'établit un continuel circuit de douleurs, d'offrandes et de martyres. »

LA MORT

« En étant plongés dans l'ici, nous ramenons tout au temps et à l'espace qui nous rendent esclaves, qui nous conditionnent. Si nous nous libérons de ces chaînes, si nous nous habituons aux choses d'en haut, si nous prenons confiance en l'au-delà, si nous considérons la vie comme un tremplin pour l'éternité, alors la mort devient un passage, elle devient une porte, un moyen. Elle perd son côté dramatique. Son aspect fatal, définitif. Exorciser la mort. Spiritualiser la mort. Sanctifier la mort. Voilà le secret. Alors nous n'y penserons plus, nous n'en parlerons plus, nous ne la mesurerons plus en termes d'absolu, de non-retour, de destruction totale, mais nous verrons la mort dans la lumière, dans la chaleur et dans la victoire du Christ ressuscité. »

Béatification de Carlo Acutis, 10 octobre 2020, basilique Saint-François, Assise, Italie.

LE « GEEK DE DIEU »

Carlo Acutis sera canonisé lors du jubilé des adolescents, du 25 au 27 avril 2025. Né en 1991, ce jeune italien a vécu une foi intense. Surnommé le « geek de Dieu » et modèle de simplicité, il est décédé en 2006 à l'âge de 15 ans d'une leucémie foudroyante.

« La pierre a été enlevée du tombeau »

Jean 20, 1

L'Évangile du jour de Pâques

LIRE

ÉVANGILE SELON SAINT JEAN 20, 1-9

« La pierre a été enlevée du tombeau »

Le premier jour de la semaine, Marie Madeleine se rend au tombeau de grand matin; c'était encore les ténèbres. Elle s'aperçoit que la pierre a été enlevée du tombeau. Elle court donc trouver Simon-Pierre et l'autre disciple, celui que Jésus aimait, et elle leur dit: « On a enlevé le Seigneur de son tombeau, et nous ne savons pas où on l'a déposé. » Pierre partit donc avec l'autre disciple pour se rendre au tombeau. Ils couraient tous les deux ensemble, mais l'autre disciple courut plus vite que Pierre et arriva le premier au tombeau. En se penchant, il s'aperçoit que les linges sont posés à plat; cependant il n'entre pas. Simon-Pierre, qui le suivait, arrive à son tour. Il entre dans le tombeau; il aperçoit les linges, posés à plat, ainsi que le suaire qui avait entouré la tête de Jésus, non pas posé avec les linges, mais roulé à part à sa place. C'est alors qu'entra l'autre disciple, lui qui était arrivé le premier au tombeau. Il vit, et il crut. Jusque-là, en effet, les disciples n'avaient pas compris que, selon l'Écriture, il fallait que Jésus ressuscite d'entre les morts.

Le retable de Pâques

Vous pouvez contempler votre retable ouvert sur le dimanche de Pâques.

APPROFONDIR

La foi pascale

L'évangile nous montre que l'accès à la foi de Pâques n'est pas immédiat, sauf, semble-t-il, pour « l'autre disciple ». Le Ressuscité déroute les attentes, surprend toujours celles et ceux avec qui il a cheminé. N'en est-il pas de même pour nous qui devons sans cesse nous réajuster ?

LE TEMPS DE LA PRÉPARATION

« *Dis-nous, Marie Madeleine, qu'as-tu vu en chemin ?* » (Séquence de Pâques)

LE TEMPS DE L'OBSERVATION

« On a enlevé le Seigneur de son tombeau, et nous ne savons pas où on l'a déposé. » Cet aveu d'ignorance va se retrouver sur les lèvres de la même Marie dans la scène suivante : « Je ne sais pas » (Jn 20, 13). Marie s'attend à trouver le corps mort de son Seigneur, et il n'est plus là. Plus loin, lors de l'apparition du Ressuscité au bord du lac, le narrateur précise que les disciples « ne savaient pas que c'était lui » (Jn 21, 4). La foi pascale naît sur ce terreau, sur ce deuil d'un savoir qui devient ouverture à l'imprévu de Dieu. Ainsi, dans la scène du tombeau vide, Marie, Pierre et Jean sont confrontés à une béance dans laquelle subsiste quelques traces : ils n'ont pas rêvé, Jésus est bien mort, il a bien été enseveli en ce lieu. Au bord du lac, c'est la fécondité de la pêche et le repas partagé qui conduisent finalement les disciples à « savoir » que « c'était le Seigneur (cf Jn 21, 12).

LE TEMPS DE LA MÉDITATION

Peut-être avons-nous, nous aussi, vécu un compagnonnage lumineux avec Jésus ou du moins avons-nous entretenu une relation avec lui à travers ces médiations que sont la lecture de l'Écriture, la prière, les célébrations liturgiques, les grands rassemblements ? Peut-être avons-nous été affrontés un jour ou l'autre à ce que nous serions tentés d'appeler son « silence », son absence et, par là même, à une aridité difficile à surmonter ? Peut-être avons-nous cherché à recréer ce qui nous a rendus heureux avant cet épisode ? Mais, comme Marie, il nous a fallu reconnaître qu'il « n'était plus là »; en tout cas que les moyens employés jusqu'alors ne fonctionnaient plus de la même manière. Cette aventure ne nous renvoie-t-elle pas à un passage incontournable de la vie spirituelle, à une étape inédite dans notre relation de confiance à Jésus ? Ce qui nous conduira à une attention autre à sa parole et à ses signes : tout cela pour vivre, comme Marie, dans une intimité renouvelée et libre des moyens et des consolations éprouvées jusque-là.

LE TEMPS DE LA PRIÈRE

« *Le Christ, mon espérance, est ressuscité !* » (Séquence de Pâques)

Emmanuelle Billoteau, ermite

Marie Madeleine

Marie Madeleine, fêtée le 22 juillet, est invoquée par les prisonniers. Disciple de Jésus, elle invite tous les hommes et femmes à ne pas être prisonniers de leurs fautes, à ne jamais désespérer.

« *Elle aperçoit Jésus qui se tenait là, mais elle ne savait pas que c'était Jésus. Jésus lui dit : "Femme, pourquoi pleures-tu ? Qui cherches-tu ?"* »
Jean 20, 14-15

Symbole de Nicée

Je crois en un seul Dieu, le Père tout-puissant,
créateur du ciel et de la terre, de l'univers visible et invisible.

Je crois en un seul Seigneur, Jésus Christ, le Fils unique de Dieu,
né du Père avant tous les siècles : il est Dieu, né de Dieu,
lumière née de la lumière, vrai Dieu, né du vrai Dieu,
engendré, non pas créé, consubstantiel au Père, et par lui tout a été fait.
Pour nous les hommes, et pour notre salut, il descendit du ciel;
par l'Esprit Saint, il a pris chair de la Vierge Marie, et s'est fait homme.
Crucifié pour nous sous Ponce Pilate,
il souffrit sa passion et fut mis au tombeau.
Il ressuscita le troisième jour, conformément aux Écritures,
et il monta au ciel; il est assis à la droite du Père.
Il reviendra dans la gloire, pour juger les vivants et les morts;
et son règne n'aura pas de fin.

Jag tror Je crois Naamin
Ik geloof Eu cred Я верю
Credo Ich glaube E whakap
Inanıyorum

-Constantinople

Je crois en l'Esprit Saint, qui est Seigneur et qui donne la vie; il procède du Père et du Fils; avec le Père et le Fils, il reçoit même adoration et même gloire; il a parlé par les prophètes.

Je crois en l'Église, une, sainte, catholique et apostolique.

Je reconnais un seul baptême pour le pardon des péchés.

J'attends la résurrection des morts, et la vie du monde à venir.

Amen

En 2025, nous célébrerons le 1700e anniversaire du premier concile œcuménique de l'histoire de l'Église, qui a eu lieu à Nicée en 325. Le Credo de Nicée est devenu la base de la foi chrétienne commune. Ce Credo unit encore aujourd'hui toutes les Églises et communautés ecclésiales chrétiennes.

Eu acredito
I believe
Πιστεύω
iyakholelwa
Tôi tin
no, ana ahau
Mino aho
wierzę
Yo creo
Jeg tror

PrionsenÉglise

Direction
Directeur de la publication: François Morinière.
"Prions en Église" est édité par Bayard,
société anonyme à Directoire et Conseil de Surveillance
au capital de 16 500 000 €.
18, rue Barbès, 92128 Montrouge Cedex.
Actionnaires: Augustins de l'Assomption (93,7 % du capital), SA Saint-Loup, Association Notre-Dame de Salut.
Directoire: François Morinière (président et directeur de la publication), Dominique Greiner (directeur général).
Président du Conseil de Surveillance: Hubert Chicou.

Rédaction
Rédactrice en chef: Karem Bustica.
Rédacteur en chef adjoint: Frédéric Pascal.
Directrice artistique: Pomme Mignon.
Secrétaire général de la rédaction: Nicolas Crouzier.
1ers secrétaires de rédaction: Jean-Baptiste Deau, Cécile Toussaint.
Rédactrice photo: Ania Biszewska.
Rédacteurs: Sébastien Antoni, Anne-Quitterie Jozeau.
Assistante: Armelle Gabriel
Ont participé: Béatrice Basteau, Héloïse Romain (rédactrices graphistes).

Marketing
Marketing éditeur et développement: Amandine Boivin.
Belgique: Bayard Presse Bénélux, Da Vincilaan, 1 1930 Zaventem.
Tél.: 0800 250 38 (de Belgique, gratuit) ou 800 29 195 (du Luxembourg).
librairie-bayard.com
Suisse: Asendia Press Edigroup SA, Chemin du Château-Bloch 10, 1219 Le Lignon, Suisse.
Tél.: 00 41 22 860 84 02.
Mail: abobayard@edigroup.ch

Fabrication: Grégory Cervantes.
Impression: Factory Books & Magazines; Avda. de la Via Láctea, 1 - 2ª Planta; Edificio Augusta 28830 San Fernando de Henares (Madrid).

Textes liturgiques: © AELF.
Chants: © Éditeurs. © Bayard et Novalis.
Numéro de commission paritaire: 0425 K 86471.
Numéro ISSN: 0383-8285.
Reproduction interdite sans autorisation.
Février 2025. Dépôt légal à parution.

Couverture: La Résurrection, Giotto (1304), fresque de la Passion de la chapelle des Scrovegni, Padoue (Italie). D.R.

Ce numéro comporte sur la totalité de la diffusion: livret 48 pages encart posé "CCFD".
Sur une partie de la diffusion: encart posé "L'Œuvre d'Orient".

PEFC
PEFC/14-38-00257
Certifié PEFC
Ce produit est issu de forêts gérées durablement et de sources contrôlées
www.pefc-france.org

FR

© AdobeStock